"Mis Poemas más leídos del Facebook"

***

Amaury González Reyes

OASIS & ALAMBIQUE
PUBLISHING

Published by:

OASIS & ALAMBIQUE PUBLISHING CORP.

Miami, Florida

(c) 2019, Amaury González Reyes

~ "MIS POEMAS MÁS LEÍDOS
DEL FACEBOOK" ~

ISBN- 9781797641065
BISAC: Literary Collections / Poetry

INTRODUCCIÓN

He tomado la determinación de conformar mi trigésimo libro con una colección especial, ya que para nadie es oculto que hoy en día, Facebook se lleva una gran cantidad de lectores, y yo me di a la tarea de recopilar en un Poemario -mis poemas más leídos por este espacio cibernético-.

"Mis Poemas más leídos del Facebook" trae una gama de romances, añoranzas y extranjería por este servidor. El "amor" predomina nuevamente como siempre en esta selección minuciosa que he hecho, para recoger los gratos y también los tristes recuerdos por más de una década, navegando por todo el mundo.

Solamente, convido a todos los que me han apoyado y seguido desde entonces fervientemente, a que obtengan una copia de este ejemplar, como prueba de que existió un Poeta por aquí, con carencia de librerías y haciéndose reconocido por su trabajo en las redes sociales..., y no por otra forma de difusión masiva.

Siempre muy agradecido de usted lector:
AMAURY, el Poeta de Alambique.

CURIOSAMENTE, TE AMO

Curiosamente, te amo...
Rasguño el corazón por verte,
sensibilizo la ternura por encontrarte;
aun soy un hombre, aun soy un semental
y a veces, me introduzco en la mente,
que soy un viejo verde.

Un niño sabe que eres tierna como él
y para dejar de amarte,
tiene que salirse de órbita el eje de la tierra.
Pero ¡curiosamente, te amo!
¿Cómo alcanzar la iluminación de la estrella?
Si tú me opacas con amor...

Curiosamente, te amo...
Cigüeñas vuelan sobre un pantano sombrío
y yo, acaramelado por tu falda;
sigo sin entender que te amo,
que te amo tanto que solamente,
he conseguido amarte más, amándote.

Curiosamente, te amo...
El sendero de mi poesía se me va llenando
de versos furtivos y alegorías de historias.
Es triste ver el cielo tan grande
y mi amor por ti, tan inmenso como él.
Y no estás como debes de estar, conmigo.

MÁS ALLÁ ADENTRO DE TU ALMA

Inhala profundamente el aire
hasta oxigenar las paredes de tu alma;
conoce allí una vez limpia
la ternura que guardas para vivir.
Eres un ser de iluminación
más allá de la ropa que te pones,
más allá de lo que puedan decir los demás.
Hoy es el primer día para siempre
que llegas a sentir quien eres,
porque con la materia que estás hecho
no es la misma que está a tu alrededor.
Significas mucho para tu identidad,
vales tanto que el precio no es el oro
ni mucho menos un rostro agraciado.
Más allá de todo lo que puedes imaginar
que es o que no es,
está adentro de tu alma, tu esencia.

LUCIÉRNAGAS EN EL PECHO

Tejado sin palomas y brisa sin humo,
hay días que me dan por darle la razón a Nietzsche.
Nunca he entendido al médico
que no puede curarse a él mismo.
Pero que tomen el rumbo que querían las latitudes,
cuando en el azoramiento del mundo
aun queda África atascada, un mendigo en Estambul
y yo mirando ciudades sin mis campos.
Llevo luciérnagas en el pecho,
miro por la hendija del Diario y hay excrementos
y en la Tele sigue habiendo la misma mentira.
No envilece el calvario cuando uno es tal y tal,
y menos, cuando está todo lo que se necesita.
A mí se me acaloran los bombillos de la imaginación
y parezco un cetáceo a oscuras en mi pensar;
hay tanta belleza allá arriba en el borde de la Luna,
en las plantas de sus pies, en la mocedad,
que no importa si imagino o me siento
sobre las piernas de la Reina de Mónaco.
Son luciérnagas en el pecho,
revoletean en mi corazón y salpican con mi sangre
el Mar, la ternura hasta la Tierra la cubre,
pero son mis armonías, son mis alumbramientos;
son estas luciérnagas que me dan alegría
para recomenzar cualquier desvarío
y amasar cualquier llanto que no lloro,
para repetirme en el origen que me recuerda:
¡cuán originales somos!

GLORIA O CASTIGO SABER DE TI

¿En qué categoría estoy cuando piensas en mí?
Trato de buscarme un argumento en tu realeza,
pero sólo consigo, convertirme en turista por Tahití
y ando despistado, por el aeropuerto de tu cabeza.

Vives enajenada en mi condición de extrañarte,
meditando en la presencia ausente sin verme;
nadie puede ablandar, lo que siento, al alejarte,
y menos del conocimiento, por querer conocerme.

Vuelves a imaginar mis palabras tan ennegrecidas,
Sugiriendo, que me olvides, si quieres tocar mi voz;
porque tus oídos serían unas manos ya sugeridas,
para degollarme o atentar, contra mi cuello con una hoz.

Por eso, no sé si es gloria o castigo saber de ti, ahora,
porque derrumbas puertas de mi ilusión y es dificultoso;
déjame, tomarme en serio la duda y atesora,
mis versos que son versos, ¡versos de mi instinto curioso!

ORGASMO

¡Ay! Mariposa en las nubes, te veo allí encima
o como curiosa luciérnaga en las noches...
Me tocas aun en la lejanía el cuerpo,
revisando que estoy vivo sin ti;
me levanto a tientas y no me sientes o me sientes,
porque también te toco desde lejos.

Orgasmo, es un momento de éxtasis físico,
pero el que tú me das, es el que me haces sentir;
el que perdura más que el de la carne,
ese que experimentamos cuando somos impíos
y es un método cruel y valeroso a la vez,
para poseernos al amar.

Dame tú, arroyuelo de mis manos,
esa ternura que es fugaz hasta con tu voz,
pero que me arde dulce y adentro;
dame el viento de tus entrañas
para que me toques, cuando soy vértigo.

No puede haber escape de tu sensualidad,
aunque invisible estés y existas impecable,
aunque te clave en mi pecho milímetro a milímetro
porque Orgasmo es, lo que me proporcionas;
sentimiento que traspasa las fronteras de mis poros
y me deja temblando, como hojas en el vendaval.

¡Ay! Reina de mis lluvias y pinares de deshielo,
pacientemente, me calo en la cuarta dimensión;
y las tinieblas me desvelan contigo, frente a frente,
con el reposo de mi alma, atrayendo a la tuya.
Este es el Orgasmo más solicitado
del que pueda alcanzar un humano;
y de sólo pensarte te penetres
y me lleves a recorrer junto a ti, la cima del cielo.

TU CUERPO Y MI ALMA

Me dejas antídoto en la clorofila de tu piel
para rebasar la embriaguez de recorrértela;
mi alma se regocija contigo, cuando nos vemos...
Aprendimos a querernos sin querer,
así es, como debe de ser, el amor sin imponerlo.

Tu cuerpo entra a mi alma como rocío de madrugada
o como un auto en su garaje;
yo te busco sin buscarte y me hallas en ti,
somos cóncavo y convexo, como hueco y aire,
mientras, con tu calor, funciona mi noche.

Destilada con tus palabras me calas,
deshollinas las cuevas de mis temores;
tu cuerpo colecta espasmos incontrolables
cuando te pasas de tu carne, a mi Ser,
y así, rompemos una nueva Era del Amor.

O ESTÁS BIEN CONMIGO O MAL SIN MÍ

O estás bien conmigo o mal sin mí,
es una cuestión de pregunta
disimulada en respuesta;
te quedas contenta a mi lado
o te vas de mi vida para siempre,
yo no quiero retenerte con libertad,
para que puedas elegir lo que sientes.

O estás bien conmigo o mal sin mí,
no hay reproches porque seas sincera...
Busca el verdadero sendero de tu pasión;
las aves de paso también son felices
si hallan agua y alpiste en sus caminos.

O estás bien conmigo o mal sin mí,
no regreses al sitio que una vez te hizo infeliz,
abre tus brazos hasta donde quieras volar;
yo estaré agradecido de saber que tomaste
la decisión correcta para tu felicidad.

VEN

Ven, acércate y enrosca tu cuerpo al mío
como si fueras una tuerca y yo un tornillo;
quiero volver a sentir que alguien entró sin lío,
que no haya interés de cuánto tengo en mi bolsillo.

Ven, anuncia bajo el silencio que soy tuyo,
que nadie sepa que estamos solos en la noche;
tú tan esclava de mí y yo tan envuelto en tu capullo;
imaginando que la mejor cama es el asiento del coche.

Ven, no esperes que tu Hada Madrina te diga
consejos de lo bueno y lo malo que puedes hacer;
seré el cemento que pises cuando tu debilidad te siga,
para que no te desvanezcas en la tristeza de una mujer.

Ven, causa en tu interior aspiración de amar,
no hables si no quieres decir nada de tu pasado;
navega como barco y vuela como golondrina al azar
y así desnudarás esas ganas que jamás, hemos desatado.

Ven, confiésame que mis ideas son buenas
y no dejes que cualquier amiga interceda si te vas;
conmigo percibes el amor del que nunca te envenenas,
aunque, me pongan de tóxico sexual o mortífero gas.

Ven, avanza a la cúspide del beso en mi boca,
escapa a la cueva que nos esconderá si vienes a mí;
y buscaré feliz, otro día a tu lado, que tanto me provoca
porque seguir preso sin tu libertad, es comunismo sin ti.

HOY ME ALEJO SIN TI

Quiero decirte que te anhelo tanto,
que hoy me alejo sin ti;
no pretendo que veas correr el llanto,
por estas razones, que decidí.

Hoy me alejo sin ti, porque te amo,
con exactitud en tu vida;
no pondré, para verte reclamo
ni entrada, donde no hay salida.

Intrínsecamente, despierta vives,
en la canción que te compongo;
y hoy me alejo sin ti y revives,
la tristeza que me pongo.

Eres un espacio que no ocupo
en la parcela de este amor;
jamás, nuestro sentir supo
que yo era jardín y tu flor.

Hoy me alejo sin ti, de aquí,
donde éramos felices;
pero, no puedo disimular que, sin ti,
te recordaré en otros países.

¿ADÓNDE VAS SIN MÍ, ESTA NOCHE?

Te propone cualquiera una cena y mil palabras bonitas;
adjuntas las ganas que sientes por estar con alguien,
y sueltas las entrañas a uno de esos caballeros,
de rostros elegantes y billetera presumida...
Pero tu corazón, tu corazón que sí sabe lo que siente,
se purga en las paredes de tu alma,
buscando cordura en este mundo tan confundido,
y el vaquero de este cuento, sabe también,
que no puedes, aunque, no te des cuenta,
porque te engañas a ti misma.

¿Adónde vas sin mí, esta noche? Ruega mi pregunta...
Yo sigo aquí, con mi carabina al hombro disparándole,
a las musas en pretérito y al degüelle
con las del presente; pero no te encuentro,
porque tú misma te alejas, te vas...
Y es de noche y las calles se encienden como estrellas,
las canciones que no me gustaban, ahora me encantan
para animarme a pensar en ti, como nunca.

¡Ya vete! Vete sin mis brazos, mi cara
y esa sonrisa mía inédita, que solamente es para ti;
yo navego en mi tinta ya, no tan rápida como segura...
He aprendido de ti a ser como soy, menos dramático,
más lleno de energía, aunque el conocimiento sea otro.
¿Y adónde vas sin mí, esta noche?... No te lo preguntaré.

POR OLVIDARTE YA NO TE OLVIDO

Ya perdí la cuenta que tenía contigo,
por las noches en vela, que he pasado sin ti;
recordando que me decías, que conmigo
tú estarías en las buenas y malas, junto a mí.

Ahora no siento esa seguridad que me dabas,
repitiendo promesas sobre tu imposible olvido;
juraste que nunca ibas a olvidarme si me dejabas,
y sencillamente te creí, pero ya te has ido.

Por olvidarte ya no te olvido, porque eres vital
en este objetivismo, de pensarte con delirio;
tal parece que, de tanto repetírmelo se me hizo viral,
el no poderte olvidar y convertirte en mi martirio.

Y es vergonzoso que por olvidarte ya no te olvido,
porque mi autoestima cayó en el piso por ti;
ni siquiera supe olvidarme de que te había perdido,
sin recordar que tu olvido, era olvidarte de mí.

UN HOMBRE QUE TE DESEA

Dame la posibilidad de derrumbar el círculo
que me cubre, para no decirte lo que me gustas;
tus palabras me derriten como melcocha en el asfalto
y no poder platicarte, así me desconsuelas y asustas.

Atributas la espada, escondes y cortas las galanterías,
recoges el cordel que sueltas, para pescar tus presas;
déjame irme de tus redes femíneas que me despistas,
para yo avanzar, en las cosas hermosas que besas.

Los océanos bartulean y me resecan la boca por ti,
quiero ser un pirata en la parte baja de tu marea;
pero no me das el valor que necesito para decírtelo;
solamente, sigo siendo un hombre que te desea.

TÚ, MI NEGATIVO... YO, TU POSITIVO

Yo, como un elemento más de este planeta,
ando polarizando los extremos que nos repelen;
en busca de hallar, alguna directriz de cometa,
o esos cortocircuitos que desvelen...

Yo te toco con mis manos secas y te humedezco,
tú me vas besando, mientras, calibras el cielo;
veo a tu lado la estación más cercana, y padezco
del positivismo, que me das con tu vuelo.

Yo te recojo sin alas al aire y rompes a volar,
sobre mi negativismo, que tal parece tuyo;
no sé cómo se comienza, en un torneo para luchar,
pero tu positivo, vence a mi negativo, sin orgullo.

Yo preciso del dínamo de tu carga femenina,
para iniciar el recorrido espiritual de tus venas;
dos polos opuestos que se alejan y nada los elimina,
por magnetismo propio en sus cadenas.

Yo ahora soy tu positivo o viceversa,
Quizás, me calas con metales de tus huesos la piel;
y mis dudas las voy torneando a la inversa,
cuando por alquimia, somos unidos como un riel.

EL OLOR DE LA MAÑANA

El olor de la mañana, me lo deja tus brazos
con el aroma de la noche, en mi piel por ti;
imaginarse que el rocío es tu humedad,
es algo impensable para los humanos.

El olor de la mañana me restriega tu salud
cuando salgo en busca del desayuno;
pinto piruetas por la risa que desembocas
y despiertas las golondrinas de mi jardín.

El olor de la mañana sucede por tu luz,
la misma que sacas, para contrarrestar la del sol;
no retarás al universo, pero a mí siempre,
yo te huelo como eres, esencialmente feliz.

LAS FOTOS DE UNA DAMA

Con las fotos de una dama
se despierta mi amante Musa,
y me acompaña la amiga Noche
para escribirle un poema,
a esa misma dama que me inspira
y me levanta los párpados
hasta que se canse la noche,
mientras yo, mirando sus fotos;
así sólo me duermo
cuando deje la noche
de acompañarme y me dé cuenta,
que tampoco está ella.

Las fotos de una dama
es un aliciente invisible
que me da deseos de vivir
aun cuando el mundo duerma,
aun cuando los tibetanos mediten;
yo me quedo pensando
en las fotos de la dama
bajo un desvelo valiente
y restaurador,
por esa belleza salvaje y pura
de la esencia de una mujer.

BESARTE A TI

No cuesta nada conseguir un beso en esta ciudad
pero besarte a ti, me ha costado
hasta cambiar mi identidad,
y decir piropos que jamás se han mencionado.

Eres jíbara como un colibrí
y para amarte hay que inventar lo inimaginable;
y nada, sigo aun sin besarte a ti,
aquí, donde besar es tan fácil y negociable.

No he podido evadir la tentación de tus labios,
entarquinarme en tu saliva
y sin que me emitas millones de agravios,
sólo quiero besarte una vez y saber que estás reactiva.

Besarte a ti, se ha convertido en mi delirio,
un deambular por las calles detrás de ti;
y en mis pupilas he puesto colirio
a ver si cambio la imagen de mirarte así.

PRESIENTO

Presiento que el amor
se ha convertido en un largo camino;
tiene pétalos de flor
desde que estás en mi destino.

Presiento que el aprendizaje
en el arte de amar es incoercible;
cuando realmente en su viaje
te hace ver que amando es posible.

Presiento que contigo
estas cosas del alma o el corazón;
se acrecientan conmigo
y aumentan el ritmo de la pasión.

ESTOY CONTIGO AHORA

Hace tiempo que no me pasaba esta tentación,
encontrar a alguien que me enloquezca como tú;
yo ya no quiero cortar el pasto de algún jardín
ni soñar que nos reencontraremos en otras vidas,
pero estoy contigo ahora, con tu imagen en mis ojos.

Hay una marca de pintalabios rosa en el espejo,
la veo allí cada día que me levanto en mi tocador;
dibujando un corazón, con tus labios tan precisos.
A nadie le he dicho que existes, a nadie que no sea
como un adusto sentir, que me retuerce a esta edad.

Estoy contigo ahora, te me apareces en mi **GPS**
y continúas andando hasta en los paseos deportivos,
los que no dejo de dar en las tardes crepusculares
después del trabajo, y trasteas mis espacios vacíos
que te falta llenarme por cualquier motivo.

Estoy contigo ahora y te tengo de patrocinadora
de mis sueños, de mi cuerpo, de las ganas por ti;
dispuestamente converso con el alba a tu lado,
le gruño a la estatua de la Libertad besándote
y me miro en el espejo del reír, contigo ahora.

MAL DE AMOR

Como el ratón detrás del queso
así voy yo detrás de tu beso.

Ya no sé qué hacer por besarte,
son unas ganas enormes de amarte.

¿Qué te habré hecho para no querer?
¡Cómo me duele no estar contigo, Mujer!

Te veo en la playa
como vas enredada en la toalla,

luego esas piernas entreabiertas
mostrándome tus estrictas compuertas.

Y yo sigo así perturbado,
no consigo entrarte ni de costado.

Eres más testaruda que una cabra
y al parecer mi pasión no te labra.

Mal de amor que tengo contigo,
involuntariedad de tocarte el ombligo.

Te quiero desde hace tantos años
y lo único que me das es desengaños.

Te llevo al cine y te invito a almorzar,
pero nada es tan caro como llegarte a tocar.

VETE CONMIGO

Vete conmigo al rincón más grande del Universo,
allí donde nadie puede llegar, sólo Cupido;
y nos iremos amándonos en cada verso,
recorriendo con pasiones el equipaje de nuestro nido.

Vete conmigo y olvidémonos de marido y mujer,
larguémonos de cada lengua que nos condena;
y mientras los detectives no nos puedan ver
en el tálamo, donde nuestra libertad nos desencadena.

Vete conmigo e imagina que mis brazos
son las dos alas de un cohete que sale del espacio;
y piensa que soy un planeta que necesita abrazos
para que en las veces que salga de órbita, vayas despacio.

Vete conmigo y aprende que es más importante ser feliz,
porque prohibirse lo que a uno le gusta, es suicidarse;
a mí déjame escapando con nuestro desliz
y siendo muy feliz, al sentir lo que es escaparse.

Vete conmigo y riega mi alma con tu miedo,
reluce la falda que llevas en mi itinerario al sur;
porque ya me cansé de buscar al norte y por eso cedo
simplemente, para tomar impulso a tu lado, en este tour.

NADIE ES TAN... PARA OLVIDARTE

Nadie es tan astuto como para olvidarte,
vuelve y olvida que te fuiste una vez.
Quiero escurrir mi sudor por tu piel,
adquirir el mismo espacio en la Luna
que contigo obtuve un día...
Deseo entrenar mi lengua para decirte
lo que quieres oír y no fracasar de nuevo;
maniatar mis dedos a tus senos,
mientras cenes con tu boca mis besos.

Nadie es tan distraído como para dejarte,
solamente un loco como yo pudo serlo.
Estoy en puesto de combate para tu regreso
y te espero sentado en el andén del tren,
en aquella Estación que te dije adiós.
Yo me siento tan tuyo que no existe mujer
con la pasión que tienes para conquistarme;
sobre todo, ahora, que reconozco lo que te amo
y por cobarde, te dejé partir.

Nadie es tan orgulloso como para no decirte,
que vive tan lleno de tu esencia ausente...
Pero yo, el que te reclama tu regreso y tu amor,
sabe que es inútil reclamar a alguien que se dejó;
alguien que no tiene que decidir regresar si no lo siente.
Igualmente, te dejo la puerta abierta de mi vida;
la que nunca te abrí por estar falta de visualización
y nadie me dijo, que eres tan bella como tú misma.

SACUDE MI CUERPO

Sacude mi cuerpo
tu bestial presencia;
son tiempos remotos,
tu armonía sobre mí.

Te animo a que te vayas,
me encanta esperarte;
sabes que te amo,
recoges cielos conmigo.

Calmas el horizonte
cuando me miras a solas;
te preciso intacta,
idéntica a tu Look.

Aconsejo tu mural
para que escribas más;
mi vida en tu poesía
para estremecerte sin marea.

Sacude mi cuerpo
tu entrega como siempre;
machucas el espacio,
te siembras en mis venas.

TAMPOCO

Tampoco es un Jazz urbano el río
que corre debajo de la realidad;
no puedes remediar la vida
si no escampas en un bar de esquina.
Yo soy un mundo de negocios,
me conozco a cada palestino,
a cada israelita y a los mexicanos
que estudian las fronteras,
que también son mis hermanos.
Pero tú, tú la tintorera, la mía,
eres incomparable...
Imposible olvidarte y menos extrañarte,
porque andas donde te veo a cada santiamén.

Tampoco sólo escribo, me desahogo por otros,
me entusiasmo con algunos senos de mujerzuelas
y dejo que sus novios postizos se los toquen...
El barato deseo del escudero se fue de mí,
en Valladolid acuestan las negras dinastías y africanas
para que los tíos se desangren política y sexualmente.
Pero tú, tú la integral, la única,
me has vaciado el alma con los besos que me diste.

Tampoco existe un recinto de imágenes eternizadas,
hoy en día hay más fotos que seres vivos:
Fotografías que nadie ve, letras que nadie lee.
Hay hombres que les quitan la ropa
a las mujeres a la fuerza,
¡yo sé las quito a las buenas!
Pero tú, la culturizada, la mejor de mis tiempos,
engendras melodías para mis canciones;
secuestras el resto de mi aire
para engramparme en tu cuerpo.

SI UN DÍA TE VEO TE AMO

Chiquita,
si un día te veo te amo...
Tus ojitos allí, acicalados,
tras una foto de perfil en el Face;
yo te adoro y aún no te he visto,
pero me sale tu carita
como buscándome,
tus letras pasivas y ese deseo de verte
que me apresa.

Y sé que si te veo te amo,
porque eres un angelito
que me gusta saberlo,
latente en mis pensamientos,
presiento tu ser, te intento,
me buscas, yo me entrego
a la imaginación;
y dime si me equivoco
y lo niego todo, inclusive,
lo que acabo de escribirte.

Chiquita,
si un día te veo te amo,
sin dejar que la distancia
sea un tropiezo,
levanta la posibilidad
de hacer este anhelo
más latiente,
que el burbujeo
de un manantial,
y yo sin verte
ya te amo,
sin que llegue ese día.

BELLA

No hay libertad de expresión
para decirte cuán hermosa eres...
La belleza comenzó a existir
cuando tú naciste;
desde ese momento te llamas Bella.

Eres una dama que rellena el cielo
con tu magnificencia física
y las almas con tu espiritualidad;
Bella es tu nombre al representar
en toda la extensión de la palabra:
La Belleza.

VAMOS A DISTANCIARNOS UN POCO

No volvamos locos a los espacios que ocupamos,
esos momentos que llenamos con ternura
e incontrolados sentimientos.
Me ves como un amigo,
yo te veo como una mujer comprometida,
pero no hay que tentar al gato sacándole
de la ratonera al ratón.

Tú para mí eres fuego,
yo soy la madera que está esperando que la enciendan;
así que esa posibilidad existe mientras estemos cerca.
Yo sugiero que mejor nos distanciemos un poco,
tú por tu lado y yo por el mío.

Vamos a distanciarnos un poco
para poder respirar en otra atmósfera;
yo estoy libre como colibrí en el aire
pero tú eres como un gorrión enjaulado
que no sabe por qué está ahí.

Necesitas hallar las rutas del vuelo,
de la libertad de tu ser,
por eso la distancia es necesaria entre nosotros,
sobre todo, un poco para que veas la diferencia
entre ser libre y estar enjaulado.

¡SALVARTE!

Corta es mi vida si tú no estás.
Largas son las horas si me platicas
con tu IPhone 6 de moda.
¡Salvarte! Te salvaré con amor,
con ternura y caricias que brotan
de mi alma para que cuiden tu existencia.

He pensado que eres una flor
que se me ha perdido en el jardín de los delirios;
que te he buscado por todos lados
y no apareces ni en las páginas amarillas.

Alimenta el desierto de mi piel
con el oasis de tu cuerpo.
Refugia tus situaciones adversas
en el metal de mi corazón,
y así me enterneceré de tu sensible cuestión
para amarte y salvarte aun más con mi amor.

¡Salvarte! Salvar tu agonía perezosa
de no hallar un sitio interno para amar a plenitud.
No sentir el reclamo de mi eco sustraído
por la falta de alguien especial como tú.

CAMBIASTE EL CERROJO DE LA PUERTA

En mi vieja computadora empolvada
cosecho mis nuevos poemas,
que dejaste de herencia para inspirarme;
y los amores del pasado reaparecen
como los muertos de las tumbas
en películas de Horror,
sin remedio de reconcilio con ninguno,
todo porque cambiaste el cerrojo de la puerta,
el umbral de mi alma a tu vida.

Bajo una expansión de búsqueda curiosa,
me ha vencido la misma sin detenerte;
el estanque de las ideas acumuladas sin tu molde
se vacían cuando se logran asimilar,
pero cambiaste el cerrojo de la puerta
para que mi recuerdo no pudiera transcender.

He perdido la costumbre de amarte,
me he adaptado a esperar el amanecer sin tu luz;
ayer se fue, lo que yo no quería que se fuera,
tus mensajes de texto se borraron,
pero no el sabor de tus labios en mi mente
que aun están tatuados en mi boca.

Crecí contigo, en tu forma de ser;
tengo que dejarte ir
como la sangre de una herida
cuando se lava con el agua,
y se va yendo descolorida
por ese tragante incipiente y de metal.

HE APRENDIDO A QUERERTE

He aprendido a quererte
por ser lo que eres,
y eso ya es suficiente
para amarte eternamente.

He aprendido a quererte
de esa forma natural que tienes,
de tus palabras honestas
que complementan mi vida.

He aprendido a quererte
sin buscarte ni esforzar el ser,
porque el sueño de un hombre
se resume en tu esencia femenina.

EL SABOR DEL SILENCIO

Bajo las sombras de nuestras miradas
escondemos las luces de nuestros ojos,
cuando nos miramos queriendo hablarnos.
Eso trae el sabor del silencio,
esa búsqueda inquieta en dos seres
que no pueden aceptarse
y quieren verse a la vez,
que lo han hecho títeres
de las circunstancias sociales y ancestrales.
Yo deseo tanto ser tuyo
y en el sabor del silencio
puedo asumir que tú también quieres ser mía.
Puede que me equivoque,
puede que esté en lo cierto
pero el caso es que no lo sabré,
gracias al sabor de este silencio
que no dice nada
y nos habla demasiado,
pero que su sabor deja el gusto
de estar viviendo un romance exquisito
o una aventura que podría llegar.
Pero ¿quién lo sabe?,
si el silencio sólo es quietud,
desesperación y misticismo.
A ti te dejo este rollo emocional,
para que descifres este paradigma
tan tuyo como mío,
pero que en secreto debería de existir
para que no se vuelen las hojas del patio,
de tu reputación ni de la mía.

MI ÁNGEL NOCTURNO

Tengo un ángel nocturno
que acompaña mis noches con su presencia
y mi vida durante el día.
Tengo ángel nocturno que vela mis sueños
y contesta mis letras.
Mi ángel es tan especial
que no sólo aparece en la nocturnidad,
sino hasta en mis pensamientos,
que resguarda mi borrador para revisarlo
antes que yo lo ponga en práctica.
Mi ángel nocturno me escribe exclusivamente
para saber cómo va mi existencia
o si le falta algo a mis preocupaciones.
Mi ángel es de color infinito
y de palabras indescriptibles,
porque es un ángel tierno que me acepta
y me cuida como soy;
es el único que ha sabido retroceder
cuando he querido embestir con mi malhumor.
Mi ángel nocturno lleva una carga
muy fuerte en sus alas y, aun así,
me convida a volar a cada instante que vivo.
Mi ángel nocturno tiene nombre de mujer,
mi ángel nocturno es un ser
que me costará mucho arrancarlo de mi alma.

INCREÍBLE

Increíble lo pequeño
que es el mundo;
si no fuera porque lo viví,
no lo creería nunca.

Ha pasado mucho tiempo
desde que nos conocimos;
y ya nada sabía de ti,
perdía mis ilusiones.

Ahora todo regresa
a su punto de partida;
no me reconociste a la primera,
pero enseguida lo hiciste.

Bailabas y te miraba,
y yo soñaba muy lindo;
tuve que golpearme
para abrir los ojos.

Después los nervios
me traicionaron y me fui;
cuando regresé no estabas,
ya era demasiado tarde.

Increíble nuestra historia
para entenderla y vivirla;
Increíble para mí,
verte visto otra vez.

TE PONDRÉ EL ANILLO

Si algún día dudaste
que no volverías a ser
feliz, por lo que pasaste
en tu pasado, Mujer,
¡te equivocaste!

Si alguna tarde nostálgica
la vida moría sin fe,
por la carencia mágica
del mal paso que se fue,
¡fuiste drástica!

Hoy yo que llego a ti,
vengo con algo en el bolsillo
y mi mano clavada así,
te pondré tu último anillo,
¡te lo juro por mí!

Y si el pasado recuerda,
tu futuro lo olvidará,
porque el presente te acuerda
que nueva vida te dará,
¡al destensarte la cuerda!

En mis brazos naces,
vives en mi vivir travieso
y del amar bien haces,
lo que es sólo el comienzo,
¡así tu pasado lo deshaces!

¿QUIÉN ROBÓ A QUIÉN?

Yo era ese del Azar,
el resignado del Amor;
ella amó..., yo sabía amar,
yo tenía dueña, ella tuvo señor.

¿Quién robó a quién?
Si se llega algo tarde
la retardada llegada está bien,
y más lo soñado arde.

Por eso, yo siempre acompañado
en nombre del héroe don Juan;
sin embargo, no era más que el desolado
sin paciencia, y vivía de truhan.

Y el amor roba y el orgullo mata,
a perder no se resigna ella;
pero al broche diario ata,
como poesía a la estrella.

EN MÍ HABRÁ RECUERDO

¡Pensaré en ti!
Porque pensarte es amarte,
porque pensar es recordar
y todo junto, es amar.

Pero, en esta distancia
que hoy nos separa;
tú estabas clavada
en mis cuatro puntos cardinales
del corazón,
donde su Norte
será el surco recordatorio,
del sabor a no tenerte
dentro unos días oscuros.

Por cada camino seremos un paso
del mismo sendero;
por donde yo te pienso,
te amo y recuerdo...

QUE SEAS DE OTRO

Que seas de otro, no me molesta...
Alguien que se siente de uno no será de nadie;
el sabor tuyo habita en mis células,
y el pensar en tu hechura, me llega con el aire.

Que seas de otro, como el agua es del río,
porque el agua se puede secar, pero no la acequia;
y así será mi amor en ti, abierto,
siempre recorriendo con mi sentir tu vida.

Que seas de otro, no me preocupa...
Él pasará el mal rato que ya tú no me das;
y, sin embargo, yo te amo como se ama,
tus puntos intrínsecos los conozco, hasta al más allá.

Que seas de otro, aunque no sabes lo que digo,
el tiempo borrará tu memoria;
y la mujer que andará con otro tipo,
puede ser la mujer que yo tenía...

Que seas de otro, si ya fuiste toda mía,
tus huellas plantadas aquí estarán;
cada fibra de tu cuerpo la esterilicé con caricias,
y emigré en cada centímetro de tu alma.

ESTÁS... ¡QUIÉN DIRÍA!

Estás... ¡quién diría!
Estás adormecida en la paz
que desarmo para verte y regresarte.
Estás en el cielo que observo
y estás en mi pantalón de trabajo.
Estás cuando camino y me río de mi sombra,
vives del recorrido que exijo para pensarte.

Estás... ¡quién diría! En mi mente,
en cada canción que se canta por recuerdos.
Estás implantada para que en las noches te sueñe
cuando cierro los ojos.
Estás porque hay una prueba que exististe
para nombrarte en mi diario.

Estás... ¡quién diría! Clavada en lo antaño,
remojada por la lluvia que nos cayó
y el polvo que rocía la piel en los caminos.
Estás ambigua en el cerebro,
colmada por esperanzas infructuosas
con baja calidad por la ausencia.

Estás... ¡quién diría! Por aquí de esotérica
en esta estancia sumergida de dudas;
así apareces en este nuevo capítulo
tras las verjas de la imaginación basada,
en una historia real y vivida.

Estás... ¡quién diría! Amada o desaparecida,
para que un poeta te ponga en un poema,
para que cada final de diciembre
te recuerde una estrofa...

Estás... ¡quién diría!
Prendida a mí.

¡DIVINA MUJER!

¡Divina mujer de paz y luz!
Para mi corazón...
¿Qué has hecho?
Que he perdido
la razón.

¡Divina mujer de agua!
Y dulce para mi manantial...
Vengo por un sendero
donde se despiertan
mis recuerdos,
por ti primero.

¡Divina mujer cultivada!
En la entrada de mi jardín...
Le provocas a las flores ser una rosa;
es tu olor,
tu frescura,
eres bella y deliciosa.

¡Divina mujer de un plan!
Que utilizo para vivir...
Nido que cultivo en mi palacio,
mientras encuentro
tu pasión,
de un modo despacio.

¡Divina mujer!
Es tu verso un verso,
para la poesía de mi musa.

HE AQUÍ, YO POR ELLA

He aquí, mi corazón decapitado,
mi rocío de luna...
He muerto entretanto,
he reído de locura.

Muro de piedras altas,
brincos de mis ojos al pestañar;
mi compañera, y mi verdad
y la extravié por la vida.

He aquí, yo por ella
en la búsqueda inédita;
retomando lo que tuve
para despedazar el intento.

He aquí, la apariencia propia,
camino que trillo y compongo;
muchedumbre que sabe
de mi soledad sin su cuerpo.

He aquí, un poeta y su poema,
he aquí, la abeja que se va...
Soy el murciélago triste
que se endulza en la tempestad.

He aquí, yo por ella
muriendo sin estar en su parada.
He aquí, un loco desposeído,
tuerto porque ella me enloqueció.

¿CÓMO NO PODRÍA RECORDARTE?

He viajado a través del Recuerdo
y, sobre todo, en el barco de estos años;
y pensándote más me acuerdo
que no olvidarte, me hace daño.

He descolgado la camisa de nuevo
y miro al futuro como un hilo roto...
¿Cómo podría olvidarte? Si dejaste el huevo,
que luego nació y es lo que no boto.

Una balada la compone este desatino
que regresa por cada lugar que ando;
¿Cómo podría olvidarte? Si en mi camino
te llevo en mis botas marchando.

Venciendo locuras, imagino que no estoy
y despierto de nuevo para vacilar;
yo aquel tonto o necio es lo que soy,
si es que extraigo algo del recordar.

Y es por tanto recordar que digo esto:
porque viaja adentro del pecho tus días...
¿Cómo podría olvidarte? Mujer y gesto,
letras dormidas en páginas de mis poesías.

EN ESTOS CREPÚSCULOS FRÍOS...

En el rojizo atardecer
de repente pienso en ti;
no sé si por olvidar otra mujer
o por maltratarme a mí.

En estos crepúsculos fríos
me detengo a observarte;
¿será porque las nubes forman ríos?
¡Como aquellos donde solía amarte!

El dibujo de tus labios rosas
y el devenir de tu espacio;
hacen mi frialdad velas luminosas
para que aparezcas despacio.

Son oscuros estos crepúsculos
y siento que regreso a años atrás;
pero entreno los músculos
para cansarme un poquito más.

Ayer me volví a perder
como pretendiendo regresar;
¿no será porque tengo otra mujer?
¡Y es a ti a la que quisiera mirar!

En estos crepúsculos fríos
has vuelto para calentarme;
y yo que quiero de tus amoríos
nunca más acordarme.

NO QUIERO TU RECUERDO

No quiero escribirte
ni tu cara ver,
ahora tengo otra mujer
que me sabe comprender.

No quiero pedirte
ni que regreses aquí,
ya que no pienso más en ti
y es mejor, que te quedes por ahí.

No quiero despertarme
oliendo al café de tu piel,
ni rociarme en tu prohibida miel
ni tampoco ser, tus huellas sobre un papel.

No quiero tu recuerdo
es un mar malo que se retuerce intranquilo;
yo deseo vivir cada segundo tranquilo,
en paz, aunque respire por ganarme un kilo.

No quiero ser tu esperanza,
jamás agarraré las cuerdas que una vez,
me llevaron para asfixiarme como un pez
y estar aburrido, como los días en cada mes.

No quiero verte más,
ya apenas te recuerdo si me levanto;
estoy solitario sin ti, feliz sin espanto,
fuiste buena solamente para darme llanto.

HA RETORCIDO MI CORAZÓN

La otra noche acostado bocarriba
me salió como del techo,
aquella mujer que ya se iba
pero ahora sé, que sigue en mi pecho.

Tal vez, la amante improvisada,
la sustituta del despecho de un hombre;
y me salvó muchas veces en la madrugada
cuando sólo llevaba mi nombre.

Esta mujer ha retorcido mi corazón
en busca de que nunca la olvide;
pero como en la duda cabe más la razón,
yo prefiero que se descuide.

Ella me ha traído años de soledad,
momentos rotos de alegría y destierro;
y aunque supo cobijarme con felicidad,
no puedo devolverle este sabor a hierro.

Ha retorcido mi corazón porque fue buena,
ha llegado de nuevo a mí para recordar;
pero tuvo mala jugada al traerme la escena
de aquel pasado, que deseo olvidar.

Linda y servidora como ninguna,
paloma que adornó mi palomar un día;
yo junto a ella pesqué la luna
y ella junto a mí, me dibujaba la poesía.

PAPEL DE POBRE Y TONTO

Yo también fui víctima del interés...
Yo vestí bien una noche de fiesta
y traté de bailar combinando los pies,
aunque lo de campesino, solo se muestra.

Yo cavé una ilusión de amar
de poder ser lo que no podía,
y el amor se vistió en averiguar
lo que el sentimiento se proponía.

Había hallado en su voz la dama,
que coloca el corazón al cuello;
la palabra caliente, la llama
pero el valor metal, era el destello.

Irrumpió una ilusoria alegría en mí,
cuando me despertó aquella despierta
para decirme del modo que bebí,
un sorbo del que ella estaba muerta.

El interés me rompió la pobre noche,
el dinero escaseaba en mi bolsillo,
nadie pudo encontrar mi coche
y ella se fue, por el que llevaba su anillo.

Papel de pobre y tonto lo hice
y no importaría si lo hiciese otra vez;
pero no es este mal el que yo quise,
son los malos e infelices hábitos del interés.

AMOR TRANSITORIO

Falsedad inmediata
encuentran los pasos;
yo recuerdo mi gata
y de la mesa sus vasos.

Estábamos allí de frente,
temblaban las manos;
y su sonrisa dirigente
hizo los hábitos sanos.

Yo corrí al borde
y toqué mi melodía;
ella fue todo el acorde
en ese mediodía.

Las miradas fueron nuestras
y el deseo cruel imposible;
ella se fue sin muestras
de mi amor factible.

Nunca más vi ese amor
y ella no lo descubrió;
amor platónico, pero de dolor,
tránsito que pronto murió.

Hoy cuesta el tiempo roto,
las necesidades contenidas;
pero para qué buscar el voto
si ya son otras las vidas.

Y, SIN EMBARGO, MUJER

Y, sin embargo, Mujer
al pasar yo por tu lado,
tú regarás mi manera de ser
con tu manantial encantado.

Pero, sin embargo, Mujer
tú ignoras de mi atado,
porque estoy viviendo del placer
de tu verdor ya enamorado.

Y, sin embargo, Mujer
para empezar una nueva vida,
tengo que renacerme y perecer
tocando una puerta o abriendo una herida.

Sin embargo, tú, Mujer...
Tú que eres oasis y yo desierto,
prefiero acaso morirme y nacer,
aunque por amarte me haya muerto.

Pero, sin embargo, Mujer...
¿Quién mejor que tú para edificar,
parte de mi sequía con tu llover
que brota de tu vientre al amar?

EXISTIÓ UN POETA EN TU VIDA

Algún día valorarás una carta de amor,
el sentimiento de un poema para ti;
inclusive, la mancha en tu diario de una flor
y en otra libreta ajena, tus labios plasmados en carmesí.

Algún día recordarás que hubo romance
entre dos seres que se conocieron por destino;
y el dibujo imaginario de alguien, puede que te alcance
o una voz en un restaurante, interrumpirá tu vino.

Algún día puede ser tan lejano o tan tarde,
un día que las emociones te exporten reproches;
tú mirarás a través de la ausencia cobarde
de ese hombre que, en tu vida, te robó algunas noches.

Algún día que descubras que el secreto era cierto,
que en silencio y en poesías, te dijeron que te amaban;
ya para ese entonces, el poeta totalmente muerto
tú lo resucites, con lágrimas que antes no te saltaban.

Algún día te enterarás de que hubo un bardo en tu vida,
un trovador que era de carne y huesos mientras te amó;
tal vez al descubrirlo te provoque rabia y casi una herida,
o te susurres que existió un poeta en tu vida... ¡y fui yo!

CUANDO CUIDAS A TU HOMBRE

Cuando cuidas a tu hombre
él no tiene nada qué buscar
en la calle donde otras mujeres,
porque tú lo complaces, lo llenas,
le das lo que necesita para vivir.

Cuando cuidas a tu hombre
tus detalles lo colman de olvido,
haciéndolo pensar sólo en ti,
imaginándose que existes en todo
y que no hay más ventura que tú.

Cuando cuidas a tu hombre
crecen las razones de ser feliz,
de estar ambos satisfechos
porque entregan lo que sienten,
se dan en cuerpo y alma.

Cuando cuidas a tu hombre
las dudas desaparecen para ti,
porque sabes que estás amando
y que tu amor está en él,
siempre recordando que existes.

LOBO CALLEJERO

Este escudo llamado Vivencias
comparte relación con un Lobo Callejero;
se sienta a pedir limosna por sus experiencias
y se olvida que su tesoro, no es el dinero.

Lobo Callejero con arañazos en los costados,
repartidor de mordiscos a sus víctimas atacadas;
pero también en algunos momentos enamorados
consigue saborear la carne, de noches trasnochadas.

Inmediatamente, castiga su origen del Amor,
se reconoce felino si tiene que cazar;
un Lobo Callejero identifica después del dolor
heridas que cicatrizan solas, con la manera de pensar.

Quien es un Lobo Callejero aprende acechar la Vida,
arrinconarse en los territorios de la Perdición;
nadie como él captura la magia del sol en la salida,
ni la entrada excepcional, de la luna en su corazón.

En sus andanzas ya se tatúa las calles,
las avenidas y bulevares que patrulla como Lobo;
y aunque el mundo le grita Callejero por sus talles,
también el mundo sabe que no tiene un pelo de bobo.

TU ALMA EN LA MÍA

Valga Alá en tu sonrisa,
en la postura de tu alma en la mía;
Tú me has devuelto la vida,
las energías perdidas que tuve un día.

Yo voy sobre el espacio
imaginando las cosas que concreto
después que me las has dicho;
es tu alma, tu alma en la mía...

Nuestros cuerpos en la distancia,
tus palabras escritas desde allá
y yo te recibo aquí, lleno de ti;
me das el Cáliz de tu esencia
y te atrapo en mi alma,
sintiendo el universo vivo
dentro de mí.

BESOS ROBADOS

Dices que mi mirada es de enamorado
y no es mentira lo que se nota;
como si yo no quisiera tu beso robado,
con lo más noble de una derrota.

He sido tan ingenuo que estoy alejado
de cualquier concepto que tenga;
de nada me ha servido el doctorado
que, ante el amor, yo me abstenga.

Ahora escucho canciones del pasado,
letras que me han hecho sentir;
y es que sale de ti, ese beso robado
que sólo me hace volver a revivir.

No sabes del tiempo que no he estado
sin el deseo que nunca busqué;
y ahora en el destino ya estoy atado
porque sin buscarte, te encontré.

No importa que nada sea premeditado,
incluso, la vida no tiene planificación;
pero es como proyectil tu beso robado,
que da sin culpa a mi corazón.

AGUJEROS EN TU VIDA POR MI AMOR

Soy un dardo que se clava en tu cuello
y te envenena con besos ardientes;
soy un tipo tan asesino que te da caricias
cuando te asalta en la oscuridad del día,
en la tranquilidad de la noche
mientras, te roba del cuerpo el calor.

Soy un relámpago que te toca
para electrizarte mientras te abraza,
mientras sientes la electricidad
que pasa sobre tu piel erizada;
adicta para decir que no
cuando te estás sintiendo
en el cielo desde la tierra.

Agujeros de tu vida por mi amor
cuando te hago el sentimiento cierto,
en esa manera de expresar silencio,
de anunciar que no me acerque
con tus gestos preliminares,
por cuenta propia e inconsciente...
Pero, solamente, me entregas
la posibilidad de agujerearte,
amándote como te gusta y disimulas.

LAZOS ENTRELAZADOS

Por ese sinnúmero de pastillas
que por ti no me trago, ni las mil y una cervezas
que sin verte no me las bebo,
ni las novedades que no reviso
por tal de curiosearte y sólo puedo decirte,
que son los síntomas del Amor...

Tenemos estos lazos entrelazados
que nos aprietan para mordernos con cariño
entre los cuerpos, para fundir en barro
nuestros espíritus que necesitan apaciguar
la ternura estancada,
en ese mar vacío que nunca estuvo salado.

No soy un niño que te imagina Mujer,
para cantarte canciones de un cantante,
que ni siquiera se identifican
con lo que siento;
porque nuestros lazos entrelazados
se tensan por vías llenas de fibras
que se componen de química y física...

Y tú y yo nos llenamos de conjuros
cuando absolutamente te cubro,
con mi vida dentro de la tuya.

UNA DAMA EN LA CAMA

Una dama en la cama
es una rosa desnuda,
un manantial de cariño
que llena el alma de amor.

Una dama en la cama
regala su frescura,
llena la habitación
con besos y ternura.

Una dama en la cama
es una rosa desnuda,
que perfuma mi cuerpo
con toques de dulzura.

Una dama en la cama
es una rosa desnuda,
que busca libertad
mirando hasta la luna.

Una dama en la cama
es un ángel de espuma,
que busca el aire fresco
sin lujuria y fortuna.

Una dama en la cama
te da paz en la noche;
vuela como una pluma
amando sin reproches.

QUIERO AMARTE SI SE PUEDE

No lo impedirán los dioses del Olimpo
ni las ballenas locas de los océanos;
nadie podrá parar el mundo porque te ame,
sólo tú misma si no me quieres.

Yo quiero amarte sin poesías escritas,
llenarte con la realidad de soñarme;
mientras las preocupaciones se van,
nosotros le daremos otros mil giros al Amor.

Quiero amarte si se puede o lo deseas,
porque el núcleo de ningún átomo
puede impedir que yo ejecute mi sentir por ti,
únicamente, si tú me dices que No.

ABRÁZAME Y NO TE VAYAS

Tengo más deseos que tú de abrazarte,
deseos que no se van, aunque te vayas,
que, aunque no te vea, siguen en mí.

No te vayas para que siempre me abraces,
no quiero seguir lamentando
los abrazos que no te doy;
es un infierno reconocido
esa sensación de irte
y mis ganas de abrazarte.

Abrázame y no te vayas,
quédate pegadita a mi corazón,
a los latidos firmes que provocas;
cuando te acercas con tu piel
a mi pecho, retumbo por ti.

Eres una dulzura para mi amargura,
para combatir mis tristezas y demonios;
tus abrazos son la limpieza de mi Ser,
la conducta sagrada de la Entrega,
la llegada de algo especial
pero si te vas, aunque me abraces,
se pierde todo
y sólo surgen esas desesperaciones
más grande que el Everest,
porque, aunque me abrazas,
no te quedas...

NO ES PELIGROSO ENAMORARSE DE TI

Desaprueba todas las asignaturas y repítelas conmigo;
esas asignaturas de anatomía, física, química y teología...
Yo que he sido profesor de mujeres felices,
con grados superiores,
y aunque no sea un tipo promiscuo,
me gusta pescad el amor;
buscarles a los mandriles las pulgas hechiceras
que los azotan,
mientras, leer el periódico por las páginas finales,
me agrada.
No busco reencuentro en tu recamara ni besos locos,
sólo aposento en tu corazón e historia de dos:
contigo y conmigo.

No es peligroso enamorarse, eso me decía mi abuela...
Pero duele como un afta en el cielo de la boca, no amarte;
yo que fui un jinete de cabalgaduras infinitas,
hoy ya no puedo.
No lucraré con tu conquista
ni me haré el superhombre por ti;
me quedaré transeúnte,
vulnerable a tu paso bajo mi cuerpo...
No es peligroso enamorarse de ti, el peligro es el riesgo
de seguir mi vida sin la tuya, lleno de ilusión sin tenerte,
aguardando el día que no nos pase nada,
¡eso es lo peligroso!

¿QUIÉN ES ESA MUJER?

Todo el mundo se pregunta, ¿quién es esa Mujer?
La combatiente infiltrada en mi musa,
la que saca la palabra del alma y me hace escribirla,
la que le apunta a la pasión en mi sonrisa
y hace que me suba el pulso, para alterar mi corazón.

¿Quién es esa Mujer fantasma? La que me busca
y me encuentra embriagado de tanto soñarla en vano;
la incapaz de rechazarme para lograr olvidarla...
Esa mujer inquieta de labios gruesos, de perfil nítido,
la invariable en la conducta del amor para conocerla.

Que nadie me cuestione más por esa Mujer;
por ese dardo clavado que llevo en mis sentimientos,
por sus pasos caminando en mi cabeza
como si me acompañara en las calles del brazo...
¿Quién es esa Mujer? ¡Ya no importa!

Si pudiera llegar enfrente suyo y mirarte a los ojos,
a lo mejor podría ayudarla, aun sin saber quién es;
yo me ayudo sólo cuando dice que no me quiere
y me abandona... ¿Pero a quién quiero engañar?
Si la deseo tanto o, probablemente más que a nadie.

No quiero jamás decirle que haga nada que no quiera,
no la voy a juzgar por lo que piense de mi persona,
nunca la voy a rechazar si me deja o no;
la amaré tanto como hasta ahora sin poseerla siquiera,
y en mi vida siempre, cabrá la pregunta:
¿quién es esa Mujer?

NO MIENTAS POR AMOR

¿Por qué ocultar verdades?
¿Por qué mentirse uno mismo?
El amor no llega, el amor está en nosotros,
en el sitio que tiene que estar,
es el corazón su madreselva;
allí, es el cultivo de las emociones
porque el amor no parte,
no tiene lugar adonde ir...
Tú lo llevas adentro,
tú lo consumes a segundos.

No mientas por amor,
no digas que no lo sientes,
no es verdad y eso te duele más a ti
que al que se lo dices...
No escapes del amor,
el amor sólo se puede superar enfrentándolo;
el amor nos llena cuando nos vacían,
cuando el sol no sale, él está ahí para ti.

Hay que vencer la hipocresía sentimental,
no hay que engañar para ser aceptado,
todo empieza en la maravilla,
en la interacción mística entre seres...
No mientas por amor, quizás, por otras cosas sí;
aunque no es recomendable hacerlo por nada,
aunque una mentira a veces sea necesaria
para complacer a los demás,
hasta que tú corrijas y superes tu error.

NUNCA SABRÁS QUE TE AMÉ TANTO

Nunca sabrás que te he amado tanto
y que no te olvido desde que partí;
ya sabemos que no se ve el lejano llanto
pero te acompaña muy adentro de ti.

Nunca sabrás que te amé tanto
y no se borra ni siquiera un simple beso;
ni mucho menos el encanto
que originó este embeleso.

Tal vez otros te han dicho algo
porque nunca faltan los halagadores;
pero de nuestra historia no me salgo
ni, aunque existan miles de rencores.

Esto nunca lo sabrás porque te quiero,
nunca te diría que te he amado tanto;
no se toma el orgullo de primero
para luego terminar en el desencanto.

Te he amado tanto que nunca lo sabrás,
escondido en cada rincón del mundo;
siempre guardaré hasta al más allá, y más
lo que te robé en cada segundo.

ESTÁS TÚ (EN MÍ)

Me he hecho un encefalograma
y estás tú en mis células encefálicas;
también en las fibras textiles de mi cama
has dejado huellas metálicas.

Estás tú de gaviota en mis celajes,
de máscara en el payaso de mi cara;
vas de itinerario en mis viajes
y en la magia de mi vara.

Como hormiguita te trepas en mí
y meneas los andamios de mi Ser;
curioseas el sabor de mi pirulí
cuando te sustituye otra mujer.

Estás de inquilina en mi pensamiento,
hurgando y midiendo mi espacio;
irrefutablemente no hay medicamento
para desenredarme de tu pelo lacio.

Compañera de noches de amnistía,
de alguna ley de Cupido para desheredarme;
yo no sé por qué amándote es cobardía
cuando mi sueño siempre fue enamorarme.

Estás tú, inviolablemente en mí, en espirales
huracanando mi vida sin morir;
eres los sentimientos más reales
que por una amante he podido sentir.

VOLVERTE A OLVIDAR

Tengo que volverte a olvidar
para cerrar este capítulo reabierto;
una y mil veces por haber muerto,
por hacerme ahora recordar.

Volverte a olvidar, repetido,
con un ejercicio siempre ya hecho;
pero que, al fin, tienes el derecho
porque el amor no se ha ido.

Esperas que no sea en vano,
esta posibilidad de mi tratamiento;
porque te hallo en mi pensamiento
cuando te extiendo la mano.

Volverte a olvidar, lo quiero
aunque de malo, no lo puedo hacer;
porque malvado ya no sé cómo ser,
¡si no te doy agua yo muero!

Eres la tapa que me tranca,
la puerta que, sin recordarte, cierra;
y a la puerta, una ventisca descierra,
y la tapa, tu mano, la arranca.

Y reapareces así imprevista,
con susto en mis ojos y es hermoso;
volverte a olvidar es círculo vicioso
y no hay cuerpo, que lo resista.

LO QUE ME GUSTARÍA SER POR TI

Me mudo para tu sonrisa para quedarme allí,
en ella, en ser algo tuyo...
Me gustaría ser La Estatua de la Libertad
para llevarte en mis brazos...
Quise conocer a Nelson Mandela
para que me predicara la causa por la cual luchaba;
pero mientras tanto, ser tu revolución.
Yo sé bien que no hay males que duren tanto
ni yo tampoco lo soportaré...
Y me gustaría ser tu cometa
para largarme contigo de pasajero,
en la vía láctea que conduce hacia el amor.

Me retiro en un taxi a lo incierto
sin encontrar jamás el camino de regreso,
si es que no te hallo...
Me gustaría ser el cerro
de un cachito del pueblo como Heidelberg,
para regalarte la hermosura de sus campos.

Me gustaría esperarte, aunque nunca vinieras
para ser un estúpido, hombre fiel por ti.
Me gustaría ser el vecino de tus sueños
para velarte desde mi casa...
Quiero ser la cama donde se posa tu escultura
tan bien ajustada, para cualquier mirada...

Quisiera dejarte la posdata del verbo amar,
para afirmarte que en tu espacio yo pudiera ser,
lo que me gustaría lograr
para quedarme abrazado a tu anatomía;
mientras, nos dure la vida.

NO TEMO AMAR ANTE LOS HOMBRES

Dame una solución al concreto,
Tú, que sabes de leyes y entiendes el mundo;
tú, humano con derecho y respeto...
Yo, un simple vagabundo.

Estuve cansado de buscar el amor,
de tocar las puertas del alma;
pero allí en ella, hallé una doncella en flor
que me perfuma y me da calma.

Y no pudo ser la materia,
es imagen absoluta de lo espiritual;
a mí me llegó su vida hasta la arteria,
su encanto que es un regocijo virtual.

Pero dime tú, hombre civilizado,
¿qué diantre haré yo? Amando lo prohibido;
a alguien que no es para mí, y enamorado
del amor que Dios me ha elegido.

¿Te crees que me puedes detener?
Sí; quizás si ella lo quiere sí...
Y si lo decidiese no me importa perder,
porque sin ella, es igual que vivir sin mí.

Tú, que has hecho a tu antojo las runas,
que has interpretado de mil maneras todo;
yo sólo quiero junto a ella, ver las cuatro lunas
y recorrer valles, e ignorarte de algún modo.

Y no temo amar por las reglas tuyas,
pero sí, por lo que deje de sentir ella;
puede ser que, si mi amor lo escabullas,
alguna noche verás renacer por amor, una estrella.

ENJAULADA EN UNA FOTO

En un rinconcito tengo su foto,
una burla del vecino y algunas ganas;
por otro lado, una moto
y motivos para todas las mañanas.

Yo vivo aquí, ya sin su amor,
como vive un escorpión sin su madre;
y aunque está enjaulada con vigor
sigo lamentándome, a mi compadre.

Ella es como aquel canario
cuando lo alimentaba en su jaula;
en esa foto es igual al simple calendario,
como el día a día, yendo al aula.

Yo la beso cada atardecer
como si estuviera con ella;
porque no hay mujeres como esa mujer,
ni hay estrellas como esa estrella.

Enjaulada en una foto y destruido yo,
aunque está ya amarillenta...
No me importará ni me importó,
este comienzo de horas lentas.

ERES MÁS IMPORTANTE SI NO ESTÁS

Eres más importante si no estás
porque cuando estás, no se te extraña tanto;
y al parecer el masoquismo emocional tiene un sabor
que me va inyectando ese deseo, a ti.

Eres más importante si no estás
porque tengo espacio suficiente para buscarte;
no me cortas el aire, ni me dices qué hacer
ni mucho menos, me celas con cualquiera.

Eres más importante si no estás
porque así no sabes qué hago y te imaginas cosas;
mientras, yo pienso lo mismo para compensar
este sentimiento de estar contigo otra vez.

Eres más importante si no estás
porque de la nada somos y en la nada estamos;
no entenderás este concepto, ya que se tarda en asimilarlo
pero cuando volvamos a estar, lo sabrás.

Eres más importante si no estás
porque no tengo que decir tu nombre en altavoz;
no me hace falta invertir en malas noches
tratando de convencerte que, te amo más que nunca.

Eres más importante si no estás
porque estando mi vida se reduce a ti, a tu presencia;
ahora puedo vivir si no estás contigo más a gusto
recorriendo con mi imaginación, el hecho que eres mía.

LA OTRA NOCHE CONTIGO

Andando por el bulevar de la bahía
he contemplado caer tu pelo negro
fleteado por la brisa del mar...
Sobre tu cara de manantial eterno
estabas como porcelana del Medio Oriente,
alucinaría con escalar por tus senos
hasta llegar a la Torre Eiffel;
tus caderas sobre mis caderas,
¡qué movimiento telúrico ese!
Yo soy el pillo que te convierte en sol,
el verso que te da metáforas
para tocarte con pasión inaudita,
llevando tatuajes tuyos de la otra noche
para después decir: «Anoche te amé» ...
Y así caminar sin rumbo por tu piel,
pensándote como nadie te piensa
con el recurso de los besos furtivos;
de los mismos escondites del Deseo.
La otra noche fui tu hormiguita,
la que te recorre todo el cuerpo despacito;
te busqué en cada poro y me escondí en ellos,
la policía de tu erizamiento me detectó
y tus manos me pararon para encarcelarme...
Nada pudo con mi amor sobre tu epidermis,
te arrebatabas como yo contigo
y nos hicimos fugitivos voraces del amar,
dos candelabros que encendieron
la noche con besos.

MIENTRAS MÁS TE ALEJAS DE MÍ...

Mientras más te alejas de mí es peor,
más tentativa se te hace la situación;
no sé cómo se resuelve el juicio del Amor
y en astrología, no anda bien el signo escorpión.

Mientras más te alejas de mí sufrimos,
no es sólo porque no hablemos, sino por sentir;
y es imposible olvidarnos de lo que sentimos,
porque lo llevas adentro y no se puede impedir.

Mientras más te alejas de mí llorarás,
como lloro yo aquí sin ti y por ti cada día;
ves que te estoy pensando porque en tu alma oirás,
el traspaso invisible de mis electrones por telepatía.

Mientras más te alejas de mí descubres,
que la distancia y el escape no apartan corazones;
y si en el retozo de algún juego a tu lado te cubres,
será sólo momentos de inútiles distracciones.

Mientras más te alejas de mí te embrollas,
buscarás la forma de correr hasta que te alcance;
no yo, no de lo que huyes, sino de lo que te enrollas
debajo del manto de pasión, que tiene su percance.

Mientras más te alejas de mí dolerá,
nos dolerá como duele una muela acabada de extraer;
tan siquiera seré yo, el más que te recordará,
no por nada, sino porque desde la lejanía ya te sé querer.

REGRESA A LA MEDIANOCHE

Es mediodía, la gente corre
hacia la plaza y el bulevar,
la radio canta la canción
aunque te quiero ver regresar;
el minutero es mi guía
para no dejarte escapar,
mientras paso por el cine
en un intento de olvidar,
y sólo consigo recordarte más...

Regresa a la medianoche
para tomarnos juntos un baño,
para vernos juntos otra vez,
para nunca más separarnos.

Ya cae la tarde en el horizonte
y un barco se ve zarpar,
el crepúsculo está rojizo
y yo aquí, junto al mar,
siempre vengo hasta aquí
para el recuerdo alimentar,
imaginando que estás cerca
y sólo consigo, extrañarte más.

Regresa a la medianoche,
al menos, por favor.

PREFIERO AMARTE, PERO LEJOS DE TI

He decidido alejarme de ti,
como se aleja mar adentro una ola;
no se toma distancia
porque alguien no sea amado...
A veces suele ocurrir lo contrario;
quien más ha querido,
hoy es el oso hambriento
del padecer humilde:
un panecillo de amor.

Como quien diría, yo te amo,
porque en lo prohibido
siempre aun el enamorado,
encontrará un cielo de esperanzas...
Pero me alejo de ti,
porque es una manera más fácil de decir:
*Me marcho, aunque te quiera,
aunque toda la vida diga,
«que eres mi amor eterno».*

NUESTRO LAMENTO

Cada luna es un bosque encendido
por verte con brillantez y fe;
un cazafantasmas escabullido
es el lecho cuando tú no esté.

Sin ti, me afeita la navaja
el lagrimal que brota del ser;
o soñar que no estás de rebaja
al precio de tu menester.

La publicidad caduca en la tele
y tú te quedas en el sofá;
escribo sin ojos hasta el desvele
que, si vienes, me desnucará.

Pues, te levantas de ese embeleso
y caminas por la casa como antes;
así yo podré andar por el cerezo
y seremos como nunca, amantes.

Te necesito bien, no desesperes
que vivo o muero contigo;
recuerda por amor soy y eres,
tú te recuperas conmigo...

A TU MANERA DE PENSAR

A tu manera de pensar
empiézame a decir,
que si por amar
yo te he de pedir,
la mano a Dios
y no debo llorar,
ni decirte adiós
y volver a empezar.

A tu manera de pensar
ni siquiera me amas,
cuando para amar
se necesita y aclama;
un corazón ajeno
pero no importa callar,
en este manejo
porque se va a acabar.

A tu manera de pensar
te olvidas de mí;
yo no voy a investigar
ni a culparte a ti,
ya que el amor es libre
para seleccionar,
cual es el mejor calibre
para de nuevo recomenzar.

SE HA PERDIDO MI AMOR

Se ha perdido mi amor,
en las entrañas de tu vida;
he reducido mis células
al espacio de tus besos.

Me he quedado bailando
metamorfosis por tu Ser;
revolcado del modo más difícil
de decirte te amo;
y he perdido mi amor por ti,
contigo en mi alma.

Se ha perdido mi amor,
porque así has taladrado tú
cada poro de mi imagen,
sin esculpir por tus manos
los pasillos de mi cerebro,
la cápsula de mi género,
de tus alegrías sin pretextos
y mi mala racha sin ti;
porque al perder mi amor,
también me perdí yo...

TU ESTRELLA POLAR

Esa noche en tu envoltura cibernética,
yo trataba de resolver mi aritmética;
tú me dijiste que aquella estrella,
era tu Estrella Polar, la más bella
que asomaba al cielo en las noches.
Yo embelesado en ti, soltaba los broches
de tus escotes bien engrapados,
y así disimulábamos agachapados
el sonido de los ósculos y libertades;
provocados con el sexo a esas edades.

Tu bella Estrella Polar era mágica al amar,
su inspiración me hacía enamorar
al viento que te tocaba, a las olas que pasaban
y hasta los fantasmas, se espantaban.
La disimilación de los instantes era desvanecida
y tú satisfecha de amarme, quedabas rendida;
pero yo entre la frialdad cálida de la noche,
me batía con el sueño y apagaba la luz del coche,
me quedaba mirando fijamente en el horizonte
tu Estrella Polar, como un inquieto bisonte.

Colegiales al fin, acabamos de graduarnos
y nos retiramos a nuestras vidas, para separarnos;
sin embargo, aunque el destino y circunstancias
no absorben las verdaderas sustancias,
nunca he dejado de observar e inspirarme
en tu bella Estrella Polar, para animarme
y morderte de nuevo, entre mis pensamientos,
con aquellos recuerdos de tenerte en los vientos
al lado de la playa, al sureste de la costa,
donde sólo nos veía la gaviota o alguna langosta.

TU REPRESENTACIÓN CLANDESTINA EN MÍ

En el obelisco enserado del mundo
Tatúo yo, mi ombligo contigo;
En mi nuez de Adán y semidesnudo,
compartes el Jacuzzi conmigo.

En las pestañas mesopotámicas,
te he deyectado un distintivo;
te he propuesto las matemáticas
y las hileras de un sustantivo.

Verdolagas te sembré en Brúcelas,
rompiendo mi Tacón de Aquiles;
estás infectada de pamelas
y en las fotos, que me alquiles.

En mi garganta como cuerda vocal.
estás depositada a mi gusto;
convertida en mi Rito, y espiral
en las membranas de un susto.

Clandestina y sepultada en firme,
moneda marcada en mi vida;
el brocal más fuerte que me estime
y la carretera sin salida.

Te llevo adentro de mi itinerario,
de sentimientos y callada;
no se sabrá qué estás en mi poemario,
para siempre guardada.

ACUÉSTATE CONMIGO EN LA LUNA

Así te miro, acostadita a mi costado en la Luna.
Yo, comiendo del queso blanco de tus membranas;
tú, repercutiendo en mis encías con tus ósculos
y encuentros salivales...

Colosalmente, te arranco una pestaña con mis dedos,
una de las más largas que titubean miles de veces al día
cuando ejecutas el pestañar;
y yo ahí, en ti, sembrando caricias en tu cuerpo,
recolectando toqueteos de tus manos
para erizarme la médula hasta que lleguemos,
al abastecimiento del alunizaje imaginario,
para acostarme contigo en la gran bola brillante y blanca
que se llena, se media, que se hace un cuarto menguante,
que se aparece en el fondo del cielo estrellado
que nos acompaña, que nos protege, que nos convida...

Y sé que contigo en la Luna no habrá mariposas,
ni gaviotas, ni poesías de poetas que se deprimen,
ni políticos, ni siquiera los catalejos que vislumbran
estos grandes cráteres que adornan nuestro nido soñado.

Acuéstate conmigo en la Luna,
diviértete con los lunares de nuestros rostros,
torcidos como trenzas cuando entrecruzamos las piernas
en ese largo blanquizal, de arenas compuestas
de azúcar refinada, de metáforas que nos hacen amar.

DESACOSTUMBRANDO

Ya no puedo vivir sin ti,
por eso me he ido a vivir con otra;
a encontrar rescate en el regazo de ella
para guarecerme de esta desidia,
que me ha causado habitar
sin la domesticación de tu presencia.

Hoy he comprendido que tú te fugaste
de las cuevas de mis sentimientos;
has ahuyentado el coyote que aullaba en mi alma
en las noches de tu luna llena,
en nuestro oasis en el desierto del Amor.

Desacostumbrando la realidad que llevo
para entrenarme en las garras de otra amante;
absorbiendo gritos de puro dolor
y rehacer el vertiginoso camino sin ti,
para pedalear en las altas mareas
y en las curvas cuesta abajo de la tristeza de perderte.

Existiré así, como boya que flota al azar,
como pelusilla en el viento errante del Sahara
y perseguiré en los besos de ella, las huellas de tu boca;
trataré de amar otra vez, como te he amado a ti,
pero desacostumbrándome a recordarte en cada instante,
a cada aliento que paso sin tu compañía.

Soy un beato ya del entrenamiento filosofal
que me da el desacostumbrar tu ausencia,
el valor de prometerme que te olvidaré;
mientras, van calando las lágrimas en los bolsillos
de los poros del sufrimiento,
del querer que un día fue, parte tuya y mía.

PENSABA EN TI

Pensaba en ti, sí,
y mis días eran más largos o más cortos;
tú eras todo para mí
y yo no era más, que otro de tus abortos.

Pensaba en ti, porque te amaba,
descubría en mi espalda tus arañazos;
y cariñosamente te daba,
masajes y abrazos.

Pensaba en ti, inquietamente,
mientras tú, derribabas mis sentimientos;
estaba contigo ausente
del sabor de los momentos.

Pensaba en ti. Hoy ya no...
Tuve que irme de tus entrañas a exiliarme,
donde me pudiese encontrar Yo...
Con tu egoísmo llegaste aniquilarme.

MELODÍA PARA UNA PASIÓN

Cuando se apaguen las luces de neón
y se encienda la primavera de tus entrañas, yo estaré allí;
donde más fuego habita en tu cuerpo,
donde se transita por las veredas de tus piernas,
con la razón de pernoctar sobre tu ombligo...

De transeúnte iré subiendo la vera de tus rodillas,
descansaré en la almohada de tus senos;
buscaré refugio en el manantial de tus labios
y me regiré cien veces, por tus pezones.

Irguiendo mis pestañas en tu piel
al estar deslizándome por todo tu organismo;
hallaré espacios que conducen al éxtasis,
entraré en las cuencas de tu excitación
y me detendré, en ese laberinto virtuoso,
donde permaneceré rendido por tus bombardeos
a quemarropa, a mi anatomía también en guerra,
llena de tus proyectiles destilados...

Y en mi desorbitar prolongado te exprimo,
te requiero el paso de poseerte y acariciarte;
intensamente, metido en tu Patagonia de espasmos.

Por eso, lleva melodía esta pasión,
acordes estructurales del ritmo de amarnos,
la solución de la entrega en un concierto hecho
para cada célula que nos compone;
desbordar nuestros poros de sudores provocados
por música de nuestras almas convertidas en materia,
galerías de pinturas de una magia
que sólo dibujamos tú y yo,
con entonaciones de amor.

POEMA A LA MUJER CONFUNDIDA

Yo soy tan tuyo como lo que eres de ti,
pero he preferido dejarte tranquila;
allá donde estás con tu familia sin mí,
allá donde ningún otro poeta tu alma alquila.

Tu matrimonio es una cosa como todas,
como todas las cosas que se hacen sin madurez;
yo te sigo mirando en fotos que pones de modas,
yo te sigo mirando infeliz en tu vejez.

Lo bello que tienen mis ojos es que les gustas...
Pero, yo no te doy más mi número telefónico;
porque vives de inconcreta seguridad y asustas,
porque con tu incertidumbre me quedo afónico.

El verdadero pecado que practicas es la confusión,
lo que más desechas es que no te bese;
y no permito que me robes el corazón,
y no me permito verte y que luego, nos pese.

Te confieso que me duele mucho dejarte,
dejarte como una piedra inservible;
pero ante del miedo de poder amarte,
me he vuelto supersticioso e irresistible.

MI PRÓXIMA LUNA DE MIEL

Mi próxima Luna de Miel, será en Mónaco...
Andaré descalzo por mi suite, de un Hotel Cinco Estrellas;
y mi desposada la cargaré desnuda del baño a la alcoba,
mientras yo, también desnudo, me bañaré en champán.

Mi próxima Luna de Miel, tendrá el encaje de las que ya tuve,
será premeditada, como un buen crimen de placer;
sin permitirme cometer errores novicios como en las primeras,
ahora, quiero regocijarme en unos espléndidos días amando.

Mi próxima Luna de Miel, aún no sé ni con quién la pasaré,
Pero, aquí, adentro de mi cabeza la tengo visualizada, deseada;
en punto de mate para cuando aparezca la ocasión,
sacarle finalmente, el espectro a esta desidia sin disfrutar.

Mi próxima Luna de Miel, puede que sea con una doncella,
Quizá, con una maestra, con una viuda o tal vez contigo;
pero, degustaré el mejor tiempo de mi vida en la Miel
no sólo de la Luna, sino de cada fragmento que me toque vivir.

Mi próxima Luna de Miel, que sea con escala en Paris,
con varias cuentas en Suiza y una felicidad que resalte a mil;
para no creer en la reencarnación, y así sentirme lejos,
tan lejos que, por fin, no logre olvidar unos días tan especiales.

AMOR DEL SENTIMIENTO

Amor que de una mirada nace,
que de una sonrisa se inspira;
Amor que del beso
brotan la esperanza y el alivio.

Amor que sostiene mi ilusión,
que murmura a solas con mi alma.
¡Viva este amor tuyo!
Yo sin tu amor;
yo sin ti, moriría de pena.

Lástima del destino, Amor;
Amor del verbo amar,
Amor del bueno, del enamorado.
Tú eres mi Amor,
tú eres mi muñeca.

La vida es triste sin tu Amor,
mi Amor...

CREO EN DIOS Y TE AMO

Y mientras los judíos
siguen esperando al Mesías,
yo cuento tanto los días
que unen las almas con estíos.

Y te busco una flor al caer la tarde
para que la Virgen María,
se acuerde de nuestra tía
y florezca el amor que arde.

Te imploro racimos de cariño,
para decirte al oído mi esperanza;
y con permiso de Dios, darte alabanza
en este cataclismo de armiño.

La fe del amor sabe decirme mucho
en el Andar de las palabras tuyas;
y sin estar a veces arrullas
el amor por el que tanto, lucho.

Las promesas del verbo son válidas,
creo en Dios y te amo;
rezo a tu escultura ausente y reclamo,
para mirarme con lágrimas pálidas.

Y si las religiones tienen demasiado,
yo poco poseo de ti, ahora;
sepultado de ensueño en una señora,
que me hace vivir de ella, enamorado.

MUJER DE UNA NOCHE

Consolándome, hoy un poco
con vino y una canción romántica;
parezco frente al teclado de la máquina,
un maestro tocando el piano.

Celebro, tal vez, el aniversario dieciséis,
la magia queda cuando es buena;
recuerdo sus siluetas puestas en mis ojos,
el toque de sus pechos en mis metáforas.

Mujer de una noche, que jamás volverá,
es lo peor de Recordar y de no olvidar;
y si voy en esa barca que lanza su señal,
viviré en el momento que tuve de verdad.

Vuelvo a decir que hoy, me queda el azar,
el idilio que me hizo tocarla por soñarlo;
yo que parto hacia otros universos
y hacia la tierra, nunca regreso...

Mujer de una noche, me queda su cuerpo
plasmado en las huellas de mis manos;
solitaria se diseñó para mi tiempo,
mientras, me encargo de decir: ¿a quién amo?

Quizás, ha quedado como un fantasma
que sólo se refleja en el inconsciente;
pretendo o disimulo en mi propia cama,
que no me haga más daño esta fiebre.

COMO ELLA ME QUISO... NADIE

Si en la cumbre yo me encontrara
buscando un paraíso de Amor;
ninguna como ella, allí, hallara,
la Bella que hizo mi traje de Señor.

Ella supo curtir mi soledad con roces
y darme el cariño que se necesita;
aprendió calladamente a dar voces
y abrir puertas para quien resucita.

Como ella me quiso nadie lo sabe,
mientras, la vista del mundo es mía;
supo llenar y dejar espacio si no cabe,
al corazón en el pecho, que ardía.

Ella torció el regalo de la felicidad
cuando se entregaba a mi ternura diaria;
y limpiando siempre mi vecindad,
un recuerdo vuelve a traérmela en plegaria.

Como ella me quiso, sé que nadie lo hará,
que mi alma vive en la amargura
y sigo buscando si alguna otra sabrá,
sembrar pasión en mi cordura.

Ella no me quiso tanto o tal vez sí,
la recuerdo cuando vivo y no la hallo;
nadie dice dónde está y si siente por mí,
sin embargo, espero, aunque me callo.

QUIZÁS CUANDO ME FALTES...

Quizás cuando me faltes
empiece amar, como jamás amé...
Tal vez, dije cosas que nunca las dije
por amor y por sentir pasión.

Quizás cuando me faltes
resuelva el porvenir que no tengo,
o inculque la emoción a ser fiel
para no caerme más, en el abismo.

Quizás cuando me faltes
repita palabras que me conmuevan,
y logre administrar un poco mejor
la vida al llegar o al salir.

Quizás cuando me faltes
venga otra a recitarme lindos versos;
que, aunque tú no los supiste expresar,
yo los compuse por ti.

Quizás cuando me faltes
devenga la historia de la humanidad,
y se caiga en pedazos un rascacielos
por la falta que me harás.

Quizás cuando me faltes
aparezca una aprovechada a quitarte,
y en vano los intentos de la fracasada,
porque quedaré contigo encajado.

Quizás cuando me faltes
recoja el placer que me das;
y también me lleve tus caricias
para que vivas a mi lado, en mi sueño.

TENGO YO, ¿QUÉ PENSAR EN TI?

¿Por qué me pongo a pensar en ti?
Cuando tengo tantas cosas que hacer
y en qué, pensar además...
¿Por qué me siento a meditar?
Teniendo deseos de aliviarme
con el Olvido...

¿Para qué apareces? Si ya no existes...
Vas muerta en mi realidad viva;
pero secas en lo que fue a tu lado,
el huerto húmedo de mi corazón.
Y tengo yo, ¿qué pensar en ti?
De una forma barata y dispuesta;
en una medida contratada
a este intento de borrarte,
y por más que quiera, no lo consigo.

El quehacer diario y los problemas,
las responsabilidades con la vida
y tanto desgaste de pensamientos;
me ponen tu espacio perdido
y aun tengo, que pensar en ti.

¿Por qué tengo yo qué pensar en ti?
Habiendo mil maneras de olvidarte,
y al menos en este dilema
pudiera relajarme y no pensarte más;
pero todo es vano, como pensar en ti.

CUANDO A TI NO TE IMPORTA OLVIDARME

Yo sé que enamorarse es malo cuando no se debe,
pero, yo me enamoré de ti, desde la primera vez;
porque inconscientemente hay sed, y uno va y se bebe
tu esencia pulcra sin temer, qué pasará después.

Pero a ti, no te importa olvidarme ahora, si no lo sientes,
es fácil el juego secular de cualquiera que te tropiezas;
en fin, las calles están llenas de esos que les mientes,
y yo, sin embargo, tuve que creerme tus falsas promesas.

Hoy anda mi hígado revuelto sin ti, sin tus mensajes,
concedo entrevistas a los bancos vacíos del parque;
tus fotos recorren el cielo cibernético y hay ultrajes,
siento culpabilidad de esta historia sin remarque.

Cuando a ti, no te importa olvidarme, muere el universo,
tengo que cargar con mi entorno afligido y no ver caras;
tu rostro era tan tuyo como mío, y lo simple de mi verso,
se transmutó en tristeza alterna, con el dolor en aras.

Sé que tengo fuerzas y soy fuerte de espíritu y amor,
a ti, no te importa olvidarme y está bien, tienes derecho;
aunque yo, no tuve el mismo, al hacer el oso en tu candor,
pudo ser por castigo o agonía, pero no hubo trato hecho.

Y continúo mirándote en la Nada y apareces detrás,
me sustituyes la respiración y pinto monedas al viento;
cuando a ti, no te importa olvidarme y enviarme al Jamás,
donde la ternura de tu vida habita en mi sentimiento.

DESCIFRA EL DICCIONARIO DE MIS BESOS

Aunque suene cursi, mis besos tienen un lenguaje,
mi lengua es el puntero que te enseña a leer el recorrido;
cuando tus labios tocan a los míos empieza el viaje,
con la clase que va repasando lo antes aprendido.

Descifra el diccionario de mis besos ahora que los sientes,
en ellos hay cátedras de Historia, Anatomía y Química;
en mis palabras fluidas sale amor, y hallarás cimientes,
condiciones lingüísticas que tienen su propia mímica.

Interpreta el catálogo de mis besuqueos con tu boca rosa,
Allí, donde libo tu néctar contemporáneo a mi gusto;
yo reconozco que al besarte el dialecto sale en prosa,
y fomenta un manantial de espuma, y te eriza el busto.

Penetra en el repertorio de mis caricias a contrapelo,
bucea con señales de humo en cada partícula de mi boca;
y, que reme también tu lengua en el mar de mi anhelo,
que yo dejaré que naufragues, en mi asignatura tan loca.

Descifra el diccionario de mis besos y yo el tuyo,
porque cada paso que des con tu boca lo seguiré;
y junto a nuestros deleites, el intercambio será un capullo,
que abrirá el aprendizaje de cómo me besaste y te besé.

LA ROSA DESHOJADA DEL AMOR

Puse una rosa en tu pecho
y se destiñó la rosa...
Abogué por tu ternura
y mi corazón, quedó deshecho.

Puse una rosa en tu cuerpo
y se deshojó la rosa...
No supe del mal de ojo,
al tocarme tu mirada.

Puse una rosa en el escándalo
que provoca tu desnudez...
Murió la rosa y no sé qué pasó,
pero, muerta, sigue siendo Tú.

AÚN QUEDO YO, DESPUÉS DE MÍ MISMO

En tu prosa soy un rehén
y en tus brazos, una miniatura.
A lo mejor soy tan mío que no soy tuyo...
No me alcanza todas las páginas Web
ni los billones de celulares,
ni los medios de comunicación masiva
para comunicarte que, aún quedo yo,
después de mí mismo.
Tengo un nuevo corte de pelo,
una fotografía en Senegal,
un disco nuevo de un grupo desconocido
y ando buscando novias que les pertenecen a otros.
Y sigo así, quedándome en mí mismo,
sondeando en el fondo de las cosas halladas.
Hay mares en los avíos del centenario,
para encaramarme en tus senos
y gozar la fiesta de tus pezones seductores.
Aún quedo yo, después de mí mismo,
si es que contigo no estoy pensando que sí,
quedando en tus rodillas transitadas
por el mundo entero, menos por mis manos.
Todavía espanto, fantasmas celosos,
hombres armados de agravios,
persuasiones negras de blancos amoríos rotos.
Yo he sido todo, yo no tengo nada por ti,
ahora existo, quedando en mí mismo,
aún después de haberte repartido entre mi carne,
haberte sugerido a los leucocitos de mi sangre.
Aún quedo yo, después de ti misma,
que te has atrincherado en mí mismo.
Y ahora totalmente confundido;
¿no sé quién soy yo? ¡Si tú eres yo o yo soy tú!

IDILIO DESESPERADO

Búscame, si es que te queda
espacio en tus deseos;
castígame y haz que me perdone
por el mal que te hice;
pero nunca permitas
que se debilite esa llama de fuego
que hubo entre los dos.

Tu cara redonda frente a la mía de idiota,
tus labios moviéndose de arriba abajo,
tu boca diciéndome cosas
que aún, ni en todos estos años
las consigo olvidar.

Quiéreme de nuevo
si es que te quedan ganas de empezar,
por un principio que fue final
y que ahora vuelve a ser principio.

Deshabítame de ese pasado,
cuelga toda preocupación que tengas...
Yo, soy ligero;
tú, el césped que piso con mis pies,
con las hierbas más suaves que existen.

Ruego por tu libertad
pero a la vez, quiero hacerte mi presa de nuevo,
de mi amor restaurado para recomenzar.

Yo te quise, te quiero y te querré
como a nadie pude querer,
en todo este tiempo sin ti.

CUALQUIER SACRIFICIO POR VOS

El dinero que gano te lo regalo
para estar contigo;
las palomas de mi palomar las vendo
para domar tu ombligo.

Las llaves de mi casa las empeño
por besarte la boca;
dejaría hasta mi identidad y mi sueño
por tomarnos una copa.

Yo alquilaría un palco en la luna
por mirarte durmiendo;
me colaría por el hueco de la cerradura
para ver qué vas haciendo.

Nadaría contra las cataratas más fuertes
sólo por sentir tu humedad;
conjugaría todos los verbos de lo Imposible
por convertirme en tu felicidad.

Regaría decenas de millones de plantas
para sentarme a tu lado;
contaría grano por grano la arena
para que me veas enamorado.

Haría cualquier sacrificio por vos,
hasta degollarme la vida;
rajaría mitad por mitad mi futuro
por hallarte al final de mi salida.

¿POR QUÉ SERÁ QUE ME GUSTAS ASÍ?

Me gustas teñida o sin teñir;
me gustas con tu abdomen de perfil.

Me gustas coqueta o sin coquetear;
me gusta tu forma de caminar.

Me gustas con manías o sin ellas;
me gustas con tu brillo de estrella.

¿Por qué será que me gustas así?
¡Tan gráfica dentro de mí!

Quisiera tenerte como anillo en el dedo;
que, al quitármelo, quede marcado tu credo.

Me gustas de soledad y primavera;
me gustas con fatalidad o de quimera.

Me gustas si vienes o te vas;
me gustas si estás o no estás.

Me gustas en la cama o sobre la alfombra;
me gustas en el parque, en la noche y su sombra.

¿Por qué será que me gustas así?
¡Tan dibujada en mis sentimientos por ti!

CARTA: AUNQUE YO ME VAYA

Aunque yo me vaya
no pienses que te olvidaré;
porque para olvidarte
se olvidan mejor las malas cosas:
aquel Hotel lleno de caras nuevas,
los gritos de la gente,
los tantos visitantes
e intrusos de Servicio.

Yo te llevo tan clavada
como el sueño recurrente
de todas mis noches;
me iré también lamentando
los momentos que a tu lado no tuve
y los deseé tanto tener.

Aunque yo me vaya
no te faltará mi llamada
al número de tu celular
que me aprendí de memoria;
lástima que las cosas buenas
nunca lleguen a pasar.

Igual, aquí, se queda esto que escribo
por los dos y si alguna vez
la oportunidad acorta el camino,
ese camino que no pudimos
emprender nunca, yo estaré dondequiera
todavía, pensando en ti...

POÉTICO

Te miro desde lejos,
sé que estás allí,
penetrada en mis poros;
sensual como siempre,
dormida en los pensamientos.

Sé que tengo que tocarte,
darte mi raza humana,
esperar que devuelvas las ganas;
tengo que mirarte así,
desnuda en tu alma,
desnuda en tu habitación.

Me gustas, me encantas,
tu roce es mi diario quehacer;
quiero y necesito saber si puedo...
Me gustas de nuevo,
te elevas, te vas, y estás lejos.

TENGO MIEDO DE ENAMORARME DE TI

Tú eres muy bella...
Tan bella, qué no sé decirte:
si eres la luna o las estrellas.

Tengo miedo por primera vez en mi vida,
enamorarme de alguien, así como tú;
porque tú sí, me abrirás una herida.

Yo he sido muy intransigente
con el amor en libertad;
pero, eres una mujer muy hermosa e inteligente.

Tengo miedo de enamorarme de ti
porque ya eres peligro;
pensamientos preliminares, que me das a mí.

AHORA HEMOS LLEGADO

Propósito sucursal de una guerra entre tú y yo,
mamografía del tiempo escurrido
entre nuestras manos por el misterio;
inventario diluido por la magia
de alguna vez, conocernos...

Eres una presa preciosa para mi hombría galardonada,
emperatriz que me concede el corazón...
¿Cómo puedo entretenerme con tus pupilas
si en el continente de tus delirios,
yo encuentro espacio en un hogar a tu lado?

No te me escurras tanto en un lavado de desaparición,
que yo voy por ti, cuando me eliminas del mundo,
y quisiera cantarte, aunque mi voz sea horrible;
ahora hemos llegado lejos en mi lira,
ahora hemos llegado adonde jamás, imaginamos.

HAY UNA MUJER EN MIS SUEÑOS

Soy el loco sin manicomio,
una pobre ave sin plumas;
no tengo un azul unicornio,
ni tampoco buenas sumas.

Una mujer aparecida en mí,
desespera mi desesperación;
posee mi cerebro y corazón,
ya mi paciencia toda se la di.

Todo se lo he dado por soñar,
hasta lo querido de mi querer;
le entregué mis ansias de amar,
y también lo que puedo perder.

Hay una mujer en mis sueños,
y no me deja dormir de noche;
mi pantalón rompió su broche
al engordarme con ensueños.

Está en mis sueños sin sacarla,
sola como estrella muy lejana;
y ya, aunque no pueda abrazarla,
amanece conmigo cada mañana.

MI PROFESORA DE MATEMÁTICAS

Ella era mi profesora de matemáticas,
y yo entre todos, el mejor estudiante;
pero cuando anunciaba las temáticas,
su manera de ser brillaba al instante.

Y cada teorema que dictaba su boca,
era para mí como una frase de amor;
sujetaba la dura tiza como una roca,
para escribir en la pizarra su interior.

Llegó las tablas de la multiplicación,
y una suma cierta, que no se cuenta;
pero restar con ella me daba la razón,
de elevar al cuadrado, a sus cuarenta.

Mi profe de matemáticas muy bella,
la mujer que me enseñó a enamorar;
me inició con astronomía la estrella,
y lunas en el patio, las miré al soñar.

Y los chicos en las clases envidiaban,
mis buenos resultados en aritméticas;
me iba mejor que los que calculaban,
porque amaba a la maestra con éticas.

Aprendí amar por ella la sustracción,
adorar los cubos y querer los ángulos;
y cuando platicaba sobre la división,
ya sabía del diámetro y los triángulos.

NUESTRA HISTORIA

Teníamos una habitación sin suelo
y una cama mediana sin pintar;
pero poseíamos el amor de consuelo
y dos calderos para cocinar.

Íbamos de paseo por las calles
con la misma ropa de años;
pero éramos felices sin tantos detalles,
y tu beso, mi regalo de cumpleaños.

Hoy que nuestras vidas cambiaron
y cada cual tomó otro camino;
para mí las emociones se acabaron
y se extravió completo mi destino.

Así fue nuestra historia de amor
y aunque tan triste la pobreza es;
que para amar no importa este dolor,
porque este verbo no sabe de escasez.

Me duele demasiado en esto pensar
que lo nuestro fue sólo una historia;
porque no puedo a otra como a ti amar,
y tú no te vas nunca de mi memoria.

SOLO Y SIN TI

Hoy estoy más solo que el sol
y más desierto que el Sahara;
me voy de continente a continente
y viajo de un país extraño a otro,
pero sigo más y más solo,
cada día sin ti, sin tu amor.

Quizás, tú no te acuerdes de mí
y en tus brazos descanse otro,
que de algún modo debería de ser yo,
y nacerán tus hijos, que no serán nuestros;
yo seguiré solo por aquí y por allá,
escapando de tus recuerdos
y amando tus caricias.

Estaré solo como mis padres están sin mí,
y seré el constructor de tus sueños perdidos;
tú serás la mujer de este poema mío
y yo el dolido que nunca dice su dolor...
Tal vez ya, para entonces, tú no serás igual
y yo seré este idiota, que jamás te dejó de amar.

DECEPCIÓN DE AMOR

Tenía hambre y comí de tu manzana,
sedienta estaba mi boca y bebí de tu copa;
se apropiaba el frío de mí y fuiste mi ropa,
poseía una herida y tú me la pusiste sana.

Pero al pasar el tiempo, robaste lo que me diste;
te llevaste en tu bolsa todo, lo que en mí fuiste.

Cambiaste mi hermoso concepto de amor
y de hermoso, me lo convertiste en decepción;
me trocaste la vida, y hasta me quistaste valor
e hiciste un desastre, mi pobre corazón.

Hoy es una decepción de amor tu diablura,
tengo el dolor de Adán por darte mi costilla;
y así me quedé, como arena en la orilla,
esperando una ola, que me diera lavadura.

Y no es que te juzgue, para eso está Dios;
sólo quisiera saber, ¿qué hubo entre los dos?

SOMOS TAN DIFERENTES QUE TE AMO

Yo siempre aparto la basura,
tú prefieres revolcar la espesura
para buscar lo que pudiera servir;
lo que siento, lo sé bien vivir,
pero tú lo resumes todo en problemas,
en anomalías fuera de sistemas.
Cuando converso con un amigo
preguntas de lo que no es contigo;
quieres comprar lo que no quiero,
te desesperas por lo que no espero.
Sólo hay diferencias semejantes en los dos
pero casi me convierto en un Dios,
haciendo que sea igual este mundo
al estar yo en el otro tú, más profundo.
Entonces, si peleamos nada decimos
e hipotéticamente nos despedimos;
aunque a pesar de las discrepancias, te amo,
te amo como esta indiferencia que aclamo;
por no ser tú como yo, pero el amor,
sabe que somos aceite y vinagre con sabor.
Siendo tan diferente el deseo de cada cual
que me forma la oposición en mi ideal;
esto, se conjuga por mi sentimiento hacia a ti,
y con mis defectos, tú piensas en mí.

MI CAMA ANIMA MI DESESPERACIÓN

No abandono mi estado horizontal,
en la cama pienso en ti...
La burla del clavo sacando a otro
me hace dudar de mí.
Cada trozo de tiempo en soledad
desbarata todo dentro de mí;
es que el martillo de tu recuerdo
me hace estar así.
Vivo en una cruel incertidumbre,
estoy perdido aquí...
Esas calles que no veo lloran,
porque contigo no me fui.

El milagro de componer imaginaciones
es la bondad de tu ausencia;
el balance del hastío y la angustia
prevalece sin tu presencia.
Los montes Himalaya surcan tu olvido,
cosa que no retrata mi conciencia.
Cuesta mucho la deuda externa para todos
pero no es nada, para tu inexistencia.
El destino que me clavó tu amor,
obvio, desafía mi experiencia
y entre este techo, con su reflejo suelo,
pido tu regreso por clemencia.

LIBERTAD DE QUERERME SÍ O NO

Suelta el pajarillo de alegría
junto a los peces de tu fuente;
abriga en tu pensar mi anatomía
y mira a ver, si estoy en tu Presente.

Camina hacia la calle sin mí,
recoge la casa diariamente sin ayudarte;
conserva los libros poéticos que te di
y trata de ver, si no puedes recordarte.

Pudiera ser que te hayas olvidado
de ti misma, cuando estabas conmigo;
y en cada metáfora que te he dedicado,
no fueron más que para darte abrigo.

El tapiz que forró nuestro amor
deberá de darte la libertad de expresión;
escondes la magia del sabor
pero no podrás, con mis regalos a tu emoción.

Tienes la libertad de decir que sí o no,
a esta carretera para viajar hasta al Querer;
decirme sí, para amarte no he servido yo
ni para llevarte a pasear por el Placer.

ROSALEDA DE MI PASIÓN POR TI

¿Dónde estás tú?
Que mis manos están vacías
de tanto esperarte...
Y en cambio yo, si me vieras,
estoy sonrosado de pasiones y deseos.

Pero, así entre la técnica
del te quiero y sí te quiero,
la duda te hace interrogar.

Tú, viajera de incertidumbres,
no imaginas que eres la dueña
de mi pensamiento jardinero;
cultivado con las rosas
más fragantes de tu recuerdo.

Y así en cada rosal del crepúsculo,
cultivo y riego mi propia rosaleda.

Un día por eso, llegué a tu jardín
a oler de tus fragantes rosas;
tú me diste del mejor perfume
que podrían regalar.

Mientras, crecen los pistilos
más aromáticos de tus flores;
y yo voy podando con mi pasión
la ternura de tu alameda.

Conocerte ha sido quererte
y al tocarme, has podido discernirme...
Tener esta rosaleda de pasión por ti,
cuando aun, no sé si me piensas.

VOLVISTE, PERO NO TE HABÍAS IDO

¡Volviste! Sí, volviste
ahora para cambiar tu pelo;
pero, aunque te habías ido no te fuiste,
porque en mis ojos, estabas de consuelo.

Aquí, dentro de esta noche
tú vuelves a darme la sonrisa;
sonrisa sin tres días y sin el coche,
que atestigua al platicarte en la brisa.

¿Dónde estabas? ¿Te divertiste?
Pues yo no... Aunque me hacía feliz
saber que te divertías. Me ponía triste,
saber que estabas conmigo y sin ti.

Hoy que me llamaste, soy más poeta
porque mi Musa te espera y no te necesita;
te espera porque te ama y eres su bayoneta,
y sin ser imprescindible, todavía te cita.

Y si no pensaste en mí,
no importa que no lo hubieras hecho;
porque demasiado pensé yo en ti,
y aunque alguien no lo quiera, estás en mi pecho.

Volviste, pero no te habías ido,
yo nunca me esfuerzo si te amo...
Porque Amor, olvidarte no tiene olvido
y desconecta el teléfono, porque te llamo.

TÚ ME VAS A EXTRAÑAR UN DÍA

Tú me vas a extrañar un día
cuando el tiempo se haya ido,
y en tu vida me haya quedado.

Tú me vas a extrañar un día
hasta en el mirar con que te miraba;
sobre todo, después de dejarte de mirar.

Tú me vas a extrañar un día
al desayunar sin mí, en la mesa de otro;
porque ese otro ignorará lo que tú y yo sabemos.

Tú me vas a extrañar un día
cuando lleguen los sábados y frente a la tele,
veas que hay alguien que no soy yo.

Tú me vas a extrañar un día
yendo sola al mercado sin que nadie te vigile;
y te darás cuenta de que te faltarán mis brazos.

Tú me vas a extrañar un día
tan sencillo así, porque yo no te haría ningún mal;
simplemente, te he amado con toda pasión.

¡CUÁNTA MAGIA DA TU VIDA!

Para este loco campesino,
idiota, soñador y frustrado poeta;
cuando una vez te vi,
sentada en tu oficina,
nunca ni remotamente pensé
que te podía importar,
un guajiro como yo.

Hoy no sé si es curiosidad
o es que te gusto por extraño,
ermitaño, anacrónico o poco común;
o soy parecido a la locura
de llenar cada hoja vacía
con tinta de lapicero...
¡Qué manía no!

Tu espacio en este instante,
ha vuelto a resurgir para componerte.
Yo verso y en el versar,
estás en la magia de tu presencia,
en la rima y la metáfora.
Acopio por ti las ganas
y canjeo el pasado
para vivir contigo.

SI VIERAS A MI AMOR

Mujer fogosa y tímida a la vez,
te gusta abrirte
como cáscara de nuez.

Mujer tierna y volcán de fuego,
no eres para el amor
no más, que un juego.

Sin embargo, Mujer,
si vieras a mi amor por ti;'
¡esto sí que es Querer!

Soñando mil veces soñé,
que en algún lugar estarías;
por eso, hoy te encontré.

Siempre volarás mi Vida,
aunque parezca una fugitiva,
que nunca halló ser querida.

Hoy vuelvo aquí,
con mi esencia latina;
para decidirme por ti.

Del bello Caribe llegamos,
de sus tierras somos hijos
y como caribeños, nos amamos.

Si vieras a mi amor,
no es un amor como sustantivo,
es un verde sentir de calor.

Dentro de mí no ves,
pero escucha este latido,
que sólo amor, por ti es.

EL PATIO DEL VECINO

Crucé muchas veces el patio del vecino,
disfrazado de un vestuario diferente,
al que salía de casa por otro camino
y me perseguían, por amante imprudente.

La verja rodeaba el tendedero
y la ropa se iba prendida a mi carrera;
yo dejaba en el radio de ella el bolero
y el texto de la canción: -A mi manera-.

Era una pista de salida y de luz,
el césped verde del vecino para mí;
la muralla más alta era una cruz
o punto de escape, para largarme de allí.

En vigilia el padrastro del hijo
y la madre preocupada porque no aparecía;
el destino de mis pies era el prefijo
y la gente gritaba: ¡es brujería!

La noche volaba en segundos
y los días eran más que lo Eterno;
¿por qué será que, a los vagabundos
les cobran todo con el infierno?

Y mi vida le da gracias al trampolín
que fue el patio del vecino;
y a las mil de rosas de su jardín
que yo arrancaba, al cruzar ese camino.

MUJER DEL PASADO

Frente al reloj arrodillado
para que llegue la hora;
y se cierre la aurora
del que está enamorado.

Al cielo le ruego
que me lancen la cura;
de esta triste amargura
o seguiré con este fuego.

Esta mujer de ayer
ha sido la del pasado;
y yo que no he olvidado
aquella con otra mujer.

Es la cordillera de amor,
el concreto mío perdido;
y todo lo que hubo se ha ido
como el perfume en la flor.

Es un ojo sin mirada,
una sonrisa sin existir;
pero recordarla es vivir
aunque esté distanciada.

SOY EL QUE SOY PARA TI

Soy el triste del zodíaco,
el aventurero de tu leyenda,
el hijo de un padre polaco,
el porrón de la merienda.

Soy el Zorro de tu marca,
el portafolio de tu librero,
soy el Noé y su barca,
soy la tinta del tintero.

Soy el que soy para ti,
si es que quieres que lo sea;
soy el vuelo del colibrí,
el sube y baja de la marea.

Soy el que miras como soy,
la bandera de tu país,
soy tu risa y tu cowboy,
soy el fertilizante de la raíz.

Te digo todo lo que puedo,
aclaro que soy un albañil
y que, a nadie, nada le debo;
¡soy tu esperanza añil!

Soy para ti lo que lees,
tú que ni siquiera me ves;
soy el libro que posees,
soy la mímica en tu tez.

No me entiendas ahora,
no me busques nunca ahí;
yo soy el poeta de la aurora,
¡soy el que escribe para ti!

«Mis Poemas más leídos del FACEBOOK»